Nele Hoffmann

Mit Papa war's nur Blümchensex

aufgeschrieben von Manuela Ausserhofer

1. Auflage Dezember 2014
Titelbild: Agnieszka Szuba unter Verwendung
einer Fotografie von Fia Sefastsson

Satz: nimatypografik

ISBN: 978-3-944154-26-8

Möchtest Du über unsere Neuheiten auf dem Laufenden bleiben? Oder möchtest Du uns sagen, wie Dir das Buch gefallen hat? Sende uns eine Email an info@u-line-verlag.de. Wir freuen uns!

U-line UG (haftungsbeschränkt)
Neudorf 6 | 64756 Mossautal

www.u-line-verlag.de

Prolog

Ich weiß nicht, ob es mir so schlecht geht, weil alle Leute mir sagen, es müsste mir doch schlecht gehen, oder wegen der Vergangenheit, die ich erlebt habe. Ich habe gedacht, ich wäre stark. Ich hätte mein Leben inzwischen im Griff. Gestern musste ich feststellen, dass das nicht stimmt.

Ich habe erbrochen, gleich nach dem Frühstück. Ein Toast mit Putenbrust. Kaffee. Ein Stück Melone.

Noch während ich erbrach und das Frühstück ins Klo verfrachtete, musste ich weinen. Und ich hörte mit dem Weinen nicht mehr auf. Ich konnte nicht.

Heute ist ein blöder Tag, weil ich mich erinnern muss. Und ich will es gar nicht auf Manuela schieben, denn ich habe ja die bescheuerte Idee gehabt, dass ich meine Geschichte erzählen wollte.

Jetzt sitze ich hier in meiner kleinen Wohnung. Allein. Und ich heule. Schaue mir die Narben an, nicht die in meiner Seele, sondern die auf meinem Körper, und je länger ich sie ansehe, desto mehr werden sie zu feinen Rissen in meiner Haut und ich bin wie eine Puppe aus Porzellan und ich befinde mich in einem freien Fall ... sehe den harten Boden und atme ein letztes Mal tief ein ...

Die Lehre meines Lebens ist die Leere in meinem Leben. Wenn man überleben will, wenn man einfach nur leben will, dann muss man lernen, sich selbst zu ertragen. Mit all seinen Fehlern und Schwächen. Man muss fähig sein, noch in den Spiegel zu sehen. Man muss diesem Blick aus dem Spiegel standhalten

können. Muss das aushalten, was man da sieht, wenn man sich selbst in die Augen und damit in die Seele schaut.

Man muss sich ansehen können, auch wenn man weiß, dass man etwas Schreckliches getan hat. Denn schafft man es nicht, springt man früher oder später vom Dach eines Hochhauses.

Manchmal, wenn ich die Spiegel wieder mit etwas Stoff verhänge oder sie anstatt meiner aus dem Fenster werfe, frage ich mich, wie andere Menschen das nur fertigbringen.

Der Spiegel ist mein erklärter Feind. Nur wenn er in Scherben liegt, breitet sich ein kleines Lächeln in meinem Gesicht aus. Aber mein Lächeln ist gebrochen. Genauso wie der Spiegel.

Müsste ich mich selbst diagnostizieren, dann würde ich sagen, meine Persönlichkeit sei zerbrochen. Zersplittert. Denn so sehr ich sterben will, so sehr möchte ich auch leben.

Nur weil das Leben, das ich bisher gelebt habe, ein falsches Leben war, muss die Alternative nicht zwangsläufig der Tod sein.

Zumindest glaubt ein Teil von mir daran oder ich glaube, dass ein Teil von mir daran glaubt, denn sonst hätte ich mich schon längst angezündet.

Ich saß oft in der einfachen Garage, wenn das Auto mal wieder im Hof parkte, und beim Anblick des Benzinkanisters lief es mir schaurig den Rücken hinab. Ich habe mal gelesen, dass Verbrennungen die schmerzhaftesten Verletzungen sind, die man sich zufügen kann. Das klang vielversprechend.

Manchmal gibt es Leute, die sich verbrennen, um für etwas zu demonstrieren. Wenn ich so etwas sehe, dann fühle ich mich ganz elend, denn die hatten den Mumm, das Streichholz zu nehmen und sich selbst in eine leuchtende Fackel zu verwandeln. Ich saß dann nur da und habe vielleicht die Kappe des Benzinkanisters abgeschraubt und das Benzin gerochen.

Aber ich habe es nie durchgezogen. Nie getan. Ein Teil von mir ist sehr traurig darüber. Ein Teil ist wütend und nennt mich feige, bescheuert und einfach nur erbärmlich. Ein anderer Teil reicht mir eine Blume und sagt, es war stets die richtige Entscheidung. Das ist der Teil, dem ich immer noch nicht traue. Aber er ist mächtig, wie ein Diktator herrscht er in mir, und in all den Jahren habe ich es nicht geschafft, ihn mit den anderen gemeinsam zu stürzen.

Da gibt es eine Sache, die ich einfach nicht vergessen kann. Und gerade hier muss ich irgendwann einen Schlussstrich ziehen. Das sagen mir auch alle Therapeuten.

Was ich nicht vergessen kann, ist die Zeit DANACH. Also die Zeit nachdem ich die Klappe aufgerissen habe. Nachdem ich gepetzt hab und das Geheimnis verraten hab. Das Geheimnis, das dann kein Geheimnis mehr war.

Denn die Zeit danach war schlimm. Die Zeit vor dem Verrat war sogar schön. Manchmal zumindest. Die Familie war ganz und wir haben Ausflüge gemacht.

Und sonntags haben wir alle ausgeschlafen und haben dann gemeinsam gefrühstückt. Das ganze Haus roch nach den Knack&Back-Brötchen und ich habe immer ganz viel Aprikosenmarmelade draufgetan, weil die so gut schmeckt und aussieht wie die Sonne.

Wenn man die Sonne essen könnte, würde sie sicher wie Aprikosenmarmelade schmecken. Glaube ich.

Papa saß dann im Gefängnis wegen mir. Mittlerweile ist er wieder draußen. Die Hoffnung ist erloschen, dass unsere Familie jemals wieder heil sein könnte. Auferstanden aus der Asche. So könnte man sagen. Wie dieser komische Vogel. Doch meine

Familie wird nicht mehr wieder auferstehen, denn unsere Flügel sind nicht nur gebrochen, sie wurden brutal abgetrennt ...

Die Zeit danach habe ich bei meinem Freund verbracht. Wobei ich Freund eigentlich nicht sagen kann, denn er hat nur selten das gemacht, was ein Freund sonst gewöhnlicherweise tut. Meistens hat er andere Sachen gemacht.

Er ist nicht im Gefängnis. Er ist weg. Ich hab ihn nie wieder gesehen. Ich war mit ihm einige Jahre zusammen. Sein Name war Nils. Er war ja nicht wirklich mein Freund, aber wir waren zusammen. Wir haben Zeit miteinander verbracht.

Und ich habe mir meinen Papa wieder zurückgewünscht. Die Sonntage mit den toll riechenden Brötchen und der schönen Tischdecke, wo mein großer Bruder mal ein Brandloch reingemacht hat und deshalb der Brotkorb immer näher bei Mama steht als bei ihm. Ich wünsche mir die belanglosen Gespräche zurück, die kleinen Späße am Tisch und auch die Gefühle von Papa.

Denn mit Papa war's nur Blümchensex ...

KAPITEL 1

Papa.

Ich finde es mittlerweile irgendwie lustig, dass ich mich nicht mehr daran erinnern kann, wann es angefangen hat. In meiner Erinnerung verschmilzt da so einiges zu einem unansehnlichen Brei. Dabei reden einem immer alle ein, dass es ein erstes Mal geben musste und dass es sich bestimmt in meinen Kopf und in die Seele eingebrannt haben muss, wie nichts zuvor und auch nichts danach.

Aber das stimmt nicht. Ich weiß auch, dass es irgendwann angefangen haben muss und vielleicht weiß mein Vater noch genau, wann es war, aber ich weiß es nicht mehr. Und ich will es auch gar nicht wissen. Es geht nicht darum, die Grenzen der Hölle zu kennen, sondern die Hölle an sich.

Und wenn man in der Hölle ist, ist sie wie ein Universum. Grenzenlos. Wachsend.

Sie gleicht nicht nur dem Universum, sie ist es. Der einzige Kosmos, in dem man ab da dann lebt. Und hätte man ein Teleskop, man würde nur Sterne sehen, die wie Spiegel die Hölle reflektieren. Also zerschlägt man das Fernrohr und blickt fortan nur noch in sich selbst.

Für mich war es so, als wäre es immer schon so gewesen. Papa las mir abends immer vor, auf meinem Nachttisch stand eine kleine

Lampe. So eine kleine mit einem grünen Metallschirm und einer Glühbirne, die wie eine Kerzenflamme geformt ist. Und daneben lag immer ein Buch. Daraus las Papa immer vor. Jeden Abend. Nur am Samstag und am Sonntag nicht.

Ich liebte seine Stimme. Er konnte wunderbar vorlesen. Er las die Geschichten in einer Art und Weise vor, als passierten sie gerade wirklich in diesem Moment. Als wäre das Brüderchen gerade jetzt dort hinten. Kannst du es sehen? Es war so, als nähten die Geißlein genau in dieser Sekunde die Wackersteine ein oder als ob Schneewittchen an meiner Seite in ihrem tiefen Schlaf lag.

Später las er mir Sachen von Michael Ende vor. Ich glaube, er mochte die Geschichten auch. Ich verstand nicht alles. Aber *Momo* oder *Die unendliche Geschichte* gehörten zu meinen Lieblingserzählungen.

Einfach weil sie lang waren und Papa manchmal auch etwas länger daraus vorlas.

Und gerade, wenn es so richtig spannend war, sah er mich mit seinen warmen Augen an. Er lächelte dann und beugte sich zu mir herab, sodass ich sein Aftershave riechen konnte. Ich wusste damals natürlich noch nicht, was ein Aftershave ist, noch dass es so hieß, aber ich war mir damals schon sicher, dass Mama ihn so sehr lieben musste, weil er einfach so gut roch.

Er küsste mich. Umarmte mich noch mal und sagte dann: «Wie es weitergeht, das erzähle ich dir dann morgen.»

Vielleicht bilde ich mir das auch ein, doch irgendwie klingt das doch richtig schön. Beinahe kitschig. So wie aus dem Bilderbuch, nicht wahr?

Woran ich mich wirklich erinnern kann, war, dass er sich zu mir ans Bett setzte. Ich musste dann meine Decke aufschlagen

So lagen wir anfangs meist beieinander. Sein Schwanz zwischen meinen Beinen und er schubberte dann so rum. Manchmal reichte das. Manchmal half er dann mit der Hand nach.

Gerade als ich noch klein war, war richtiger Sex halt leider nicht möglich. Dazu war ich ja noch gar nicht entwickelt. Also war gegenseitiges Masturbieren der Start, dann kam noch der Mund dazu. Ich mochte das nicht besonders, weil ich finde, dass Sperma eklig schmeckt. Aber ihm zuliebe habe ich es immer wieder getan. Auch, weil er mich ja auch da unten geküsst hat. Und das konnte er echt gut. Ich wusste anfangs natürlich nichts von dem ganzen Zeug, aber es hat sich gut angefühlt. Ganz warm im Bauch und darunter.

Mein Vater war Vertreter für Baustoffe. Meine Mutter hatte eine Stelle bei der Bundeswehr. Allerdings nur vorübergehend. Ansonsten war sie Hausfrau und Mutter. Wenn man das so sagen kann. Erst als wir Kinder älter wurden, hat auch sie begonnen zu arbeiten. Da war ich vielleicht sechs oder sieben. Auf jeden Fall ging ich gerade zur Schule.

Mein Vater hatte aufgrund der Arbeit als Vertreter sehr unterschiedliche Arbeitszeiten. Mal war er mehrere Tage unterwegs oder kam irgendwann nachts nach Hause, andere Male war er aber auch mehrere Tage am Stück zu Hause. Da nutzten wir dann jede Gelegenheit, um allein zu sein.

Wenn ich mich als Kind beschreiben muss, dann tu ich mich sehr schwer. Ich war nicht besonders groß und recht zierlich. Als Baby hatte ich viel Babyspeck, aber mit zirka vier oder fünf Jahren war der wohl weg. Ich hatte langes, glattes, blondes Haar. War also so irgendwie der klassische süße kleine Engel. So nannte mich mein Vater. Ich habe als Kind nie wirklich über

mich nachgedacht. Musste ich auch nicht. Ich war Papas Ein und Alles und alles war somit wunderbar. Ich habe bekommen, was ich wollte, konnte abends mit Papa kuscheln und er hat mir Geschichten erzählt.

Blöd war nur das Sperma. Manchmal klebte die Bettwäsche oder das Laken oder es war feucht und irgendwie eklig. Und wenn man den Schwanz in der Hand hatte, riecht die Hand danach nach Schwanz. Das ist schon irgendwie abstoßend, aber auch ... na ja ... es roch nach Papa. Das war auch irgendwie schön.

Aber eigentlich dürfte ich wohl ein recht hübsches Mädchen gewesen sein. Schon im Kindergarten gab es einen Jungen, der wollte unbedingt mein Freund sein. Ich sagte ihm dann, dass ich niemanden bräuchte, außer meinen Papa. Ich war zwar immer klein und das bin ich auch heute noch, aber ich hatte wohl ein recht hübsches Gesicht. Papa hat es gefallen.

Und Papa war einfach ein toller Mann! Der tollste Mann auf der Welt. Er sah aus, wie Väter nun mal aussehen. Er hatte immer tolle, weiche Hosen an mit dieser harten Falte. Wenn er abends nach Hause kam, machte er immer das Gleiche. Er kam zur Türe rein, streifte seine Schuhe ab und stellte sie auf diese seltsame Plastikwanne, wo auch unsere anderen Schuhe standen.

Dann hing er seine Jacke auf, zog seinen Pullunder aus, öffnete die Krawatte und die ersten beiden Knöpfe seines Hemdes. Anfangs bemerkte ich das nicht, aber er tat es in einem ganz bestimmten Rhythmus.

Tamm, tamm, tamm, tamm, tadamm. Irgendwann konnte ich es fast mitschnippen. Er hatte Haar, das ihm nach dem Duschen immer ins Gesicht fiel, aber er machte es meist mit Haarwachs oder Pomade nach hinten. Für mich sah er aus wie George

Clooney. Er hatte auch sehr ähnliche Augen. Freundlich. Warm. Witzig. Wäre da unsere besondere Geschichte nicht, er wäre der beste Papa der Welt!

Auch objektiv betrachtet war ich kein wirklich einsames Mädchen. Ich hatte zwei Freundinnen, die ich sehr gern mochte. Luisa und Samy. Wir haben die Nachmittage miteinander verbracht. Haben halt den ganzen Mädchenkram gemacht. Mit Puppen gespielt, Eis aus dem Gefrierfach stibitzt und über Jungs gequatscht. Allerdings haben wir uns dann irgendwann entfremdet. Da war ich dann zwölf oder so und ich glaube, die beiden haben, als ich mal auf dem Klo war, meine Kiste mit dem Papa-Spielzeug gefunden. Also unsere Sex-Toys. Und natürlich wussten sie sofort, was das war. Aber sie waren ja noch so verdammt unerfahren. Ich glaube, das hat sie verängstigt.

Man möchte meinen, dass ich ihnen doch sicher davon erzählt habe oder erzählen hätte sollen. Aber ich habe Luisa und Samy nichts davon gesagt. Papa hat mich nie bedroht oder dergleichen. Er hat nie gesagt, dass ich schweigen muss, aber ich kann beim besten Willen nicht sagen, warum ich so lange geschwiegen habe.

Man möchte glauben, dass ich mich doch an das erste Mal erinnern muss. Ein solches Erlebnis hätte sich doch tief in den Gehirnwindungen einprägen müssen. Aber wann genau es angefangen hat, weiß ich einfach nicht. Vielleicht war es schon ganz früh. Ich erinnere mich nur daran, dass es eigentlich nie anders gewesen ist. Für mich war es normal. Er war immer sehr lieb zu mir, nahm mich in den Arm, küsste mich auf den Mund und streichelte mich. Und irgendwann ... irgendwann wollte er

auch, dass ich ihn streichle. Nur halt nicht am Arm oder am Kopf oder so ... sondern eben da ... also an seinem Ding.

Ich weiß noch, dass es sich seltsam angefühlt hat. Warm und fest und ... es war sehr eigenartig, weil ich so was ja noch nie zuvor gespürt oder gemacht habe. Er hatte dann eben seine Hose geöffnet, hat ihn mir gezeigt und dann eben gesagt, dass ich das Ding doch anfassen soll. Das hab ich dann gemacht, aber das schien eben falsch gewesen zu sein. Ich konnte es halt nicht besser. Da hat er dann eben meine Hand in die seine genommen und mir gezeigt, wie es geht. Wie man es richtig macht.

Vor und zurück. Vor und zurück. Und immer wieder. Er lobte mich und ich war stolz auf mich. Stolz, weil ich so schnell lernte und Fortschritte machte. Ein jedes Kind freut sich über Komplimente. Und genau das war ich in diesem Moment ... ein Kind. Und ich will ehrlich sein. Ich fand es toll! Und als er dann kam, wo er eben noch die ersten Male selber nachhelfen musste, fühlte ich mich so gut. Denn Papa bereitete es ja Freude und er lobte mich danach immer sehr und küsste mich liebevoll. Und es machte mich glücklich, wenn Papa glücklich war.

Ich war seine kleine Prinzessin. Niemand tat ihm so gut, wie ich es tat. Das wusste ich. Und Lob ist schon eine tolle Sache. Ich mochte es sehr, gelobt zu werden. Es ist, als würde jemand für dich ein Licht anzünden, und zwar nicht nur draußen, sondern auch in dir drin. Es macht warm und hell und alles ist besser als zuvor.

Irgendwann konnte ich richtig gut wichsen. Aber das Wort kannte ich damals natürlich noch nicht. Ich bin mir nicht mehr ganz sicher, aber ich glaube, dass ich es früher «Den kleinen Papa

müde machen» genannt habe. Vielleicht bilde ich mir das aber auch einfach nur ein.

Ich vergesse allgemein sehr viel. Aber Papas Geruch werde ich niemals vergessen. Ich hab mir schon einmal überlegt, ob ich mir ein Tattoo stechen lassen soll. «Papa hat mich geliebt» oder «Ich war Papas Geliebte» oder so was. Hab mich aber nicht getraut. Nicht, weil ich es mir nicht hätte vorstellen können, ein solches Tattoo zu tragen. Auch vor den Schmerzen hatte ich keine Angst. Aber ich hatte mächtigen Bammel, einen Tätowierer zu fragen oder es gar selbst zu machen.

Ich weiß selber, dass viele Gedanken, die tief in mir schlummern, einfach nur falsch und abstoßend sind. Ich weiß, dass ich das, was ich denke, eigentlich nicht denken dürfte. Aber Papa hat mir niemals wehgetan. Wehgetan wurde mir erst später.

Als ich noch sehr klein war, kam Papa jeden Abend in mein Zimmer, um mir die Geschichten vorzulesen. Zumindest kommt es mir heute so vor, dass er jeden Tag da war. Und dabei kam es auch immer zu zärtlichen Handlungen zwischen uns. Wir hatten aber nicht immer Sex, das nicht, aber manchmal streichelte er mich ... im Schritt oder am Bauch, am Po oder an den Brüsten und manchmal streichelte ich auch ihn.

Richtigen Sex hatten wir nur, wenn Mama und mein Bruder nicht da waren. Das war nicht allzu oft, aber später konnten wir uns das ein oder andere Mal davonschleichen und dann an einem anderen Ort Sex haben.

Mein Sportunterricht, den ich hatte, kam da gerade ganz recht. Mein Papa fuhr mich hin und holte mich ab und meist blieb da noch etwas Zeit, um danach etwas gemeinsam zu unternehmen. Das bedeutete dann, dass wir zum Beispiel auf einen kleinen

Da würden mich die Jungs für lieben. Im Endeffekt hatte er recht, mein späterer «Freund» stand da total drauf. Allerdings war das dann kein Spaß mehr.

Papa war tatsächlich immer sehr sanft mit mir und auch wenn es sich komisch anfühlte, es war irgendwie okay, weil er mich dabei streichelte, liebkoste und ganz leise und sanft mit mir – seiner Prinzessin – sprach.

Es dauerte auch gar nicht so lange, da passte schon problemlos ein Edding in meinen Hintern.

Und dann begann er mit den Kerzen. Er kaufte ein komplettes Sortiment und platzierte sie auf einem total coolen Kerzenständer im Schlafzimmer. Der war total wirr und verrückt gebogen, wie die Tentakel eines Kraken im Todeskampf. Das war wohl eine Prämie für seine guten Leistungen auf der Arbeit.

Auf jeden Fall standen da die Kerzen, die er dann – wenn Mama nicht da war – in meinen Hintern steckte. Ganz dünne und lange und immer dickere.

Das Hauptproblem war aber gar nicht so sehr die Größe. Papa ließ mir da viel Zeit und war wie gesagt sehr sanft zu mir. Es war vielmehr das Problem, dass im Po halt eigentlich andere Sachen drin sind. Und so waren die Kerzen immer wieder schmutzig, wenn er sie aus mir herauszog. Das war mir dann voll peinlich. Erst machte er die Kerzen immer sauber und sagte immer, das wäre doch kein Problem, aber irgendwann war es mir halt doch peinlich.

Da habe ich mir die Kerzen geschnappt und bin im Bad verschwunden, um die sauber zu machen.

Einmal habe ich ihn drauf angesprochen, da war er gerade in meinem Mund gekommen und ich hatte brav das eklige Zeug geschluckt.

«Papa, ich find das voll eklig. Da klebt Kaka an der Kerze!»
«Das ist nicht so schlimm.»
«Find ich wohl. Es stinkt und ist widerlich. Ist Pfui!»
«Grundsätzlich stimmt das schon, mein Engel. Aber wenn man sich liebt und Sex hat, ist das nicht schlimm, wenn es mal etwas dreckig wird.»
«Wird es bei dir und Mama auch mal dreckig?»
«Nein.»
«Warum nicht?»
«Weil die Mama das nicht mag.»
«Ich mag das auch nicht.»
«Schau, ich putze es ab.»

Als ich älter wurde, gab es aber schon einen Aspekt an der Sache mit den schmutzigen Kerzen, den ich mochte. Wenn Mama und ich Streit hatten, dachte ich einfach: «Ich hatte die Kerzen, die in deinem Schlafzimmer stehen, in meinem Hintern und da klebte meine Kacke dran!»

Das war pure Schadensfreude. Wenn wir dann mal einen größeren Streit hatten, hab ich mir die Kerzen auch manchmal selbst in den Po geschoben und dann nicht so richtig sauber gemacht, bevor ich sie zurückstellte.

Aber Papa hat dann irgendwann so ein komisches Ding mitgebracht, es sah aus wie eine rote Birne. Da tut man Wasser rein und das spritzt man sich dann in den Hintern. Dann wartet man einen Moment, lässt das Wasser wieder raus und damit auch den Dreck. Dann ist man sauber.

Irgendwann sind wir aber dann tatsächlich ins Hotel gefahren. Da war ich so ungefähr zwölf. Um unsere Ruhe zu haben. Vor Mama und meinem Bruder. Dort haben wir superlecker gegessen

Meist legte er noch einen Porno ein und dann hatten wir Sex, spielten erotische Spiele und machten das, bis wir Arm in Arm einschliefen vor lauter Erschöpfung.

Auch wenn ich weiß, dass es seltsam klingt, aber ich erinnere mich gerne an diese Wochenenden. Am Samstag machten wir das Gleiche. Und am Sonntagmorgen räumten wir dann auf und machten meine Hausaufgaben.

Wenn Mama dann nach Hause kam, fand sie uns in trauter Harmonie vor. Und irgendwie war es auch so.

Mama hat sich eigentlich auch immer sehr gefreut, wenn Papa viel Zeit mit mir verbracht hat. Sie mochte es, wenn Papa die Abendzeit mit mir genossen hat. So hatte sie etwas mehr Zeit für sich. Schließlich arbeitete Papa viel und sie hatte immer Angst, dass wir keine vernünftige Beziehung haben würden, weil er so selten zu Hause war. Sie sagte immer, ein Kind braucht beide Elternteile.

Unsere Beziehung war eigentlich ... ich würde sagen, normal. Ich war ihre Tochter. Sie mochte mich. Aber sie hat mich nicht so heiß und innig geliebt wie Papa. Im Nachhinein muss ich wohl zugeben, dass sie mich wohl einfach so geliebt hat, wie man eine Tochter liebt. Mein Vater jedoch hat mich geliebt wie eine Tochter und wie eine Geliebte. Ich war hier also anderes gewohnt.

Man kann aber auf keinen Fall sagen, dass sie sich nicht um mich gekümmert hat. Das tat sie. Und sie motivierte mich auch, Sport zu machen und meine Talente zu suchen, was ich ihr heute noch sehr hoch anrechne.

Im falschen Augenblick jedoch hat sie die Augen zugemacht und weggesehen.

Natürlich ist der Gedanke naheliegend, dass Mama oder auch mein Bruder von dem Ganzen gewusst haben müssen. Denn Anzeichen waren immer da.

Mein Bruder war viel älter. Ganze fünf Jahre. Er hatte sein tolles Zimmer unter dem Dach, einen großen, sehr geräumigen Raum mit Schrägen links und rechts. In der Mitte stand sein riesiges Bett. Es war viel größer als meins und wenn man darin saß und zwischen den metallenen Gitterstäben durchsah, war es, als säße man im Gefängnis. Wie das A-Team in dieser Fernsehserie.

Später war er fort und das Zimmer stand erst leer, dann wurde ein Gästezimmer draus und irgendwann war's Papas und mein Studio.

Ich glaube, er wusste es, aber er wollte es auch nicht wahrhaben. Er ist ja auch direkt nach seinem 18. Geburtstag ausgezogen. Ich war da ungefähr 13. Schon Wochen vorher hat er von nichts anderem mehr gesprochen, sondern nur davon, dass er bald seine eigene Wohnung und seine Ruhe haben würde.

Ich denke, es war eine Flucht. Leider haben wir heute keinen Kontakt mehr. Er hat sich von der ganzen Familie ein gutes Stück entfernt. Ich würde ihn sehr gerne fragen, ob er auch missbraucht wurde und ob das der Grund für seine Flucht war. Vielleicht werde ich das noch irgendwann machen.

Und Mama ... wenn Papa abends in meinem Zimmer war und mir Geschichten vorgelesen hat, dann hat sie sich meistens um den Haushalt gekümmert. Also Abendessen wegräumen, Wäsche aufhängen, noch mal etwas sauber machen und dann ging sie meist ins Schlafzimmer, um noch etwas fernzusehen oder zu lesen.

Ehrlich gesagt, glaube ich, dass sie es wusste. Vielleicht nahm sie es auch billigend in Kauf, weil sie dann nicht mit ihm

schlafen musste. Ich habe mir das zumindest so zusammengereimt. Sie hatte eine sehr verklemmte Einstellung zu Sex. Papa war da eher liberal. Der rannte auch nackt aus dem Bad, um sich Klamotten zu holen, was Mama gar nicht gefiel. Sein Schwanz wippte dann hin und her und seine Hoden klatschten an seine Beine. Ich fand das immer sehr lustig. Er ließ auch mal einen Porno im DVD-Player. Wenn Mama und Papa sich stritten, dann ging es eigentlich auch immer um Sex.

Aber wenn ich ihre Ehe so betrachte, dann würde ich schon sagen, dass sie sich wohl sehr gemocht haben. Wenn sie nicht gerade wegen Sex stritten, waren sie sehr lieb zueinander. Ich weiß noch, dass Papa immer wieder mal Blumen, Süßigkeiten oder auch mal andere Geschenke mitbrachte. Einfach so. Mamas Freundinnen waren total neidisch, weil er ihr immer mal wieder ohne Anlass eine Freude machte. Aber eine richtige Intimität zwischen den beiden hatte ich nie erlebt. Meine Mutter schien keinen Reiz mehr an Papa zu finden. Ich habe kein einziges Mal mitbekommen, dass meine Eltern Sex gehabt hätten.

Mich störten solche Dinge nicht. Irgendwie gefiel mir das. Das mit dem nackt rumlaufen, wie Papa es machte. Also machte ich es auch. Ich fand es auch toll, mit Papa in die Sauna zu gehen. Ein großer, starker Mann war da bei dir und es hatte zudem etwas ... irgendwie Befreiendes. Denn es war für mich irgendwie so, als würde ich den Leuten von unserer Beziehung erzählen. Denn dann waren wir zusammen, wir waren nackt und die ganze Situation war einfach so aufgeladen.

Meine Mutter hasste die Sauna. Wenn sie ging, dann nur in die Damensauna und auch nur bekleidet. Papa machte sich immer darüber lustig und ich fand's auch doof. Aber irgendwann war es normal, dass sie nicht mitkam. Dafür verschwanden Papa und

ich des Öfteren mal in schwer einsehbaren Ecken oder unter Wasser, wo wir uns dann küssten oder so. So wie Romeo und Julia. Es hatte schon etwas Romantisches, aber auf eine kranke und seltsame Art und Weise.

Heute denke ich mir, dass es eigentlich vielen Leuten hätte auffallen müssen. Ich weiß noch, dass er einmal darauf angesprochen wurde, als er mich nach einer Sportveranstaltung in den Arm nahm und mich auf den Mund küsste. So etwas gehöre sich nicht, sagte ein anderer Mann. Daraufhin hat er mich angezwinkert und meinte zu dem Typen: «Ich liebe mein Kind und uns muss nichts peinlich sein.» Oder so etwas Ähnliches, und dann hat er mich noch einmal geküsst und dabei die Augen zugemacht und so Geräusche wie aus einem Porno gemacht.

Ich fand das in diesem Moment extrem toll!

Ab und zu haben wir schon etwas provoziert. Das muss ich zugeben. Aber die Leute um uns herum haben es nicht ernst genommen. Wir hatten mal ein großes Sommerfest. Mit Grillerei, Bier und vielen Salaten. Das ganze Haus war voller Menschen, Nachbarn, Verwandten und Bekannten. Und Papa hatte schon wieder getrunken.

Ich war so acht oder neun, glaub ich. Er stand mit seinen besten Freunden um den Grill herum und sie unterhielten sich. Immer wieder kam jemand vorbei und bekam eine Wurst oder Fleisch nachgelegt, je nachdem, was er wollte.

Und als ich vorbeikam, packte er mich und drückte mich fest an sich. Gab mir einen Kuss. Und dabei spielte er mit seiner Zunge an meinem Mund.

«Was treibt ihr denn da?», fragte einer seiner Freunde.

«Ein Papa darf das», sagte er und küsste mich weiter. Ich schmeckte das herbe Bier in seinem Mund.

«Ist sie nicht süß?»

«Klar, eine Prinzessin», stimmten die anderen zu.

«Bald bekommt sie Brüste und muss sich die Muschi rasieren», lachte er und strich mir über die Brust. Dann legte er mir eine Wurst auf den Teller und ließ mich wieder runter.

«Das Rasieren kann ich dir zeigen, wenn es so weit ist», lachte er, aber ich glaube, die anderen haben mitgelacht.

Mein Papa hat hin und wieder gerne mal einen getrunken. Ich denke aber nicht, dass er ein Alkoholproblem hatte. Er war wohl eher ein Gelegenheitstrinker. Bei solchen Festen hatte er eben gerne mal etwas mehr getrunken, als gut für ihn war. Aber durch seinen Job war er wohl gut im Training. Er hat immer wieder davon erzählt, was er bei irgendwelchen Geschäften wieder zum Trinken angeboten bekommen hatte. Da gab es irgendeinen tollen Whiskey, dort einen edlen Wein oder auch mal einfach nur ein Bier.

Erst sehr spät ist mir aufgefallen, dass er dann ja auch oft betrunken Auto gefahren sein muss, aber das hat ihn wohl nicht interessiert. In der Familie war das kein Problem. Ich glaub, Papa war sehr beliebt.

Am Wochenende hatten wir sehr oft Freunde meiner Eltern da und es wurde viel gelacht. Wir haben gegrillt oder Straßenfeste veranstaltet im Sommer. Wenn wir in den Urlaub gefahren sind, dann sehr oft mit Bekannten zusammen. Das war natürlich schon toll irgendwie. Es war immer Trubel da. Zumindest solange meine Mutter auch da war. Wenn Mama einen Termin hatte oder so, achtete Papa sehr darauf, dass wir dann gemeinsam die Zeit verbringen konnten. Ohne andere.

Es klingt vielleicht unendlich naiv und dumm, aber wenn ich auf mein Leben zurückblicke, dann waren dies die wenigen glücklichen Momente voller Geborgenheit darin. Denn mit Papa war's ja nur zärtlicher Blümchensex.

Selbst heute glaube ich noch immer fest daran, dass er mich liebte. Dass er mich nicht fickte oder vergewaltigte, sondern dass er mit mir Liebe gemacht hat.

Und der wahre Schmerz begann erst später.

KAPITEL 2

Verkehrte Welt.

Das Merkwürdige ist: Ich habe meine Kindheit nicht wirklich als schlimm erlebt. Besonders, wenn man sie in direkten Vergleich zu der Zeit danach setzt. Ich weiß, dass es falsch war, was mein Vater getan hatte, und deshalb habe ich ihn auch irgendwann angezeigt, aber ich würde lügen, wenn da nicht irgendwann auch seltsam kranke Gefühle der Zuneigung meinerseits gewesen wären.

Das waren dann eben die Gefühle, die mich komplett aus der Bahn warfen. Man ist in der Schule und hört dann von Kinderpornos oder davon, dass jemand verhaftet wurde, der ein Kind vergewaltigt hat. Und dann beginnt man nachzudenken.

Ich weiß noch, als bei uns der Sexualkundeunterricht dran war, da ging es dann in Religion und Ethik eben auch mal um Missbrauch.

Und ich verstand das Thema anfangs auch gar nicht. War den Sachen gegenüber blind. Weil mein Papa war ja lieb und zärtlich mit mir. Er bedrohte mich niemals. Er hat mich auch nie geschlagen oder eingesperrt oder so was, was man sonst immer hört. Er hat auch nie Bilder oder Filme von mir gemacht. Zumindest, soweit ich weiß.

Insofern habe ich meine eigene Situation nie als Missbrauch gesehen. Aber als das Thema dann auch anhand der Gesetzes-

texte erläutert wurde, dämmerte mir immer mehr, dass etwas nicht ganz gut war bei uns. Denn natürlich hatte ich als Kind nicht verstanden, was Papa da machte, was er wollte und so.

Ich glaube, wenn man so was – hoffentlich – nie erlebt hat, dann kann man sich das nicht vorstellen.

Aber trotzdem war ich weitestgehend glücklich. Meine Eltern liebten mich, die Schule war nicht schwer, ich hatte einige Bekannte, eine richtig gute Freundin und Sport und Bücher. Und eben den Sex mit Papa, wobei das nicht (mehr) auf die Habenseite kommt.

Ich hatte einige Male einen Traum, der für mich das Bild irgendwie gut wiedergespiegelt hat: Ich rannte in diesem Traum vor einem dunklen Schatten davon. Doch wie sehr ich mich auch mühte, er blieb mir dicht auf den Fersen. Irgendwann erreichte ich eine Art Labyrinth. Schmale, sehr hohe Gänge mit verschlossenen Türen links und rechts, mit matt schimmernden Oberlichtern. Die Wände und der Boden waren dunkelgrün gefliest und glitzerten wie die grünen Bierflaschen, die ich von zu Hause kenne.

Ich rannte weiter und landete irgendwann in einer Sackgasse. Der Schatten kam näher und näher und plötzlich hatte ich ein Messer in meiner Hand. Ich wollte auf den Schatten einstechen, aber egal wie ich es auch anstellte, entweder hielt ich das Messer plötzlich falsch herum und schnitt mir dabei selber in die Hand oder aber, ich stach mich, weil meine Hand sich nicht nach vorne – also von mir weg – sondern zu mir hin bewegte, wie die Bewegung in einem Spiegelbild.

So war das. Egal was ich dachte, es war doch anders.

Und doch nicht. Und eigentlich war es gut, aber eigentlich auch wieder nicht.

Alles, was ich gedacht hatte, war falsch.

Oder eben auch nicht.

Ich wusste es nicht.

Mein Papa missbrauchte mich.

Richtig.

Aber er liebte mich auch sehr.

Richtig.

Er schlief mit mir.

Richtig.

Aber ich spürte nie, dass er mir wehgetan, mich bedrängt hätte.

Richtig.

Je länger ich darüber nachdachte, desto schwieriger und bescheuerter wurde das Ganze. Dieses ganze Thema oder besser gesagt das Brüten darüber hat mich schon etwas von meinen Freunden und Klassenkameraden entfernt. Auch die Tatsache, dass ich mit 13 immer noch keinen Freund hatte, war ein Problem, da die anderen viel Zeit damit zubrachten, mit ihren Freunden abzuhängen oder zu knutschen.

Ich war dann vielleicht zwei Wochen mit Benjamin zusammen, aber das war irgendwie einfach nur schräg. Benjamin war der ältere Bruder von Judith, einer Freundin aus der Schule. Und weil die mit ihrem Typen abhing, wurde Benny als Bespaßung für mich angeschleppt.

Wir haben dann mal Wein getrunken, der mir nicht geschmeckt hat, und dann begann er, an mir rumzuknutschen und zu fummeln. Ich sagte ihm erst, er soll nicht unter mein Shirt gehen, doch das hat ihn wohl nur noch mehr angespornt. Daraufhin habe ich ihm zwischen die Beine getreten. Dann war Ruhe. Aber das hat ihm wohl auch imponiert.

Also haben wir uns wiedergetroffen. Aber je mehr er von mir wollte – und er wollte mehr! –, desto mehr kam es mir vor, als würde ich Papa betrügen. Und so ist auch nichts passiert.

Ich versuchte, mich in meiner Freizeit abzulenken und einen freien Kopf zu bekommen. Ich hatte einige Interessen. Sport war eine davon. Leichtathletik und Schwimmen besonders. Aber um richtig gut zu sein, hätte ich größer sein müssen. Aber es hat einfach Spaß gemacht. Ansonsten habe ich immer schon viel gelesen. Vor allem viele kitschige Liebesromane. Liebesromane mit einem Hauch Fantasy ... da kann man immer schön in ferne Welten abtauchen und alles um einen herum vergessen.

Meine restliche Freizeit verbrachte ich so, wie es Mädchen in diesem Alter halt machen. Ich verhielt mich da eigentlich sehr normal und unauffällig. Ich ging mit Freunden shoppen oder machte anderes Mädchenzeugs. Aber was wirklich Spektakuläres war nicht dabei.

Ich habe auch niemals Drogen genommen. War aber tatsächlich einige Male in meinem Leben kurz davor. Einmal zwangsweise und einige Male, weil ich dachte, dass ich das hier nicht länger ertragen kann. Das Leben.

Natürlich hat sich mit den Jahren auch das Verhältnis zwischen Papa und mir immer mehr verändert. Wie schon gesagt, war ich ja am Anfang noch sehr, sehr jung. Sicher nicht älter als fünf oder so. Und da hat er sich ja meistens auch nur an mir gerieben. Dann habe ich ihn gewichst und schließlich kam das gegenseitige Befriedigen. Dann irgendwann der Analsex. Ganz normalen Sex hatten wir eigentlich gar nicht so oft. Wie damals im Hotel. Weil, als ich dann groß genug war – also körperlich gesehen halt –, hatte ich ja auch schon meine Periode und

Dann stöhnte er wie ein Typ in seinen Pornos. Aber die Stimmen draußen brachten ihn wieder zur Besinnung.

Es war ja irgendwann dann auch so, dass ich zu alt wurde, um von Papa Geschichten vorgelesen zu bekommen. Aber da waren es halt dann zum Beispiel die Hausaufgaben, die er kontrollierte. Meine Mutter hat ihr Licht gerne unter den Scheffel gestellt. Meinte, sie sei zu dumm und so was. Also war sie auch immer sehr froh, dass Papa geguckt hat, das alles gut läuft in der Schule.

Und wenn ich dann bei irgendwelchen Aufgaben mal kleine «Probleme» hatte, dann dauerte das Kontrollieren natürlich alles etwas länger.

Somit war eine Alternative zum Vorlesen gefunden. Und es blieb genug Zeit, um ihn zu streicheln oder dass er mir unter den Rock gucken konnte. Ich sollte eigentlich immer Kleider oder Röcke tragen, dann ging es viel schneller und war nicht so umständlich.

Die Tatsache, dass ich keine Hosen trug, ermöglichte es uns, auch ganz flink mal was zu machen. Da ging es Papa dann auch gar nicht so sehr um das Zum-Höhepunkt-Kommen. Er hatte es nur gerne, wenn ich mich vor ihm hinsetzte und dann mein Kleid anhob und ihm meine Muschi präsentierte.

Als ich älter wurde, sind die Dinge auf der einen Seite natürlich einfacher geworden, weil er eben nicht mehr offensichtlich mit einem Kind rummachte, sondern eben ein junges Mädchen dabeihatte. Da konnte man schon mal ins Hotel gehen und die Leute haben vielleicht schon komisch geguckt, aber eben nicht die Polizei gerufen.

Aber auf der anderen Seite wurde mein Papa schon auch etwa

seltsam. Es war nicht mehr so innig. Die Zeit, die wir zusammen verbrachten.

Er mochte mich immer noch, keine Frage, aber so aus der Rückschau aus betrachtet, würde ich sagen, dass ich ihm mit 14 eindeutig zu alt war.

Er hat schon früher immer wieder bei Mama mal nach einer kleinen Schwester für mich nachgefragt, aber sie hatte damals einen ganz anderen Standpunkt zu diesem Thema.

Irgendwie ist es eigenartig, aber ich hab Papa anfänglich niemals gefragt, warum er das mit mir macht. Er machte es einfach. Es war normal für mich. Aber bevor ich ihn am Ende angezeigt habe, hab ich es doch getan. Da war ich aber schon 15 oder so. Ich glaube, es hat mich ebenso überrascht wie ihn, dann nach so vielen Jahren doch noch diese Frage zu stellen.

Er hat mich in den Arm genommen und gefragt, warum ich denn diese wunderschöne Sache infrage stellen wollte. Seine Hand wanderte dabei zu meinem Schritt und begann mich zu massieren. Genau zwischen Muschi und Poloch. Er wusste, dass ich das mag.

Einige Tage später, meine Mutter war nicht zu Hause, kam er wieder zu mir ins Zimmer. Ich habe gerade Hausaufgaben gemacht, während er sich hinter mit auszog und sich aufs Bett legte.

Da hab ich mich auf meinem Stuhl umgedreht und ihn erneut gefragt.

«Warum tust du das?»

«Was denn?»

«Na das hier. Du kommst zu mir, ziehst dich aus und wir treiben es.»

«Wir machen Liebe. Ich liebe dich. Liebst du mich denn nicht?»

Natürlich liebte ich ihn ... aber ...

«Ich liebe dich, Papa. Aber das macht man nicht.»

«Ist es dir so wichtig, was andere machen und was nicht?», fragte er mich.

«Nein.»

«Also ...»

«Aber ...»

«Du musst deinem Gefühl folgen. Ich zwinge dich ja nicht, mit mir zu schlafen, oder?»

«Nein.»

«Also. Und du magst es doch, wenn ich dich da unten lecke.»

«Ja.»

«Also. Und du magst es doch, wenn ich dir einen Finger in den Popo stecke. Wie fühlt sich das an?»

«Es fühlt sich ... sehr schön an. Aber ...»

«Also! Ich will doch einfach nur, dass du dich gut fühlst und dass ich mich gut fühle. Komm her.»

Nach diesem Gespräch hatten wir noch Sex. Aber das war eines der letzten Male. Und es war ... schön. Ich weiß auch nicht, wie ich es beschreiben kann. Ich wusste, dass es falsch ist, dass er in gewisser Weise Druck auf mich ausübt, aber er vergewaltigte mich nicht. Nie! All das geschah immer sehr zärtlich und mit sehr viel Hingabe.

Aber es war eben etwas, das man nicht tat und womit ich mich nach einer gewissen Zeit eben auch nicht mehr wohl fühlte. Man hatte ein Geheimnis und das Geheimnis war kein gutes. Es war nichts, wovon andere wissen wollten oder was man gerne erzählte, sondern es war ein Geheimnis, das mir immer schwerer auf dem Herzen lag. Und ich wurde halt älter. Kam in die Pubertät ... Wollte irgendwie mit jemandem zusammen sein, der in

meinem Alter ist. Ich meine: Wie wäre meine Zukunft gewesen? Wo wäre sie gewesen? Hätte mein Papa meine Mama für mich verlassen? Und warum sollte ich das überhaupt wollen? Es war vorbestimmt, dass es schiefgehen würde …

KAPITEL 3

Älterwerden.

Am Anfang habe ich noch gar nicht so bemerkt, dass Papa immer mehr das Interesse an mir verliert. Auf den Gedanken, dass ich ihm mit 14 Jahren schon zu alt sein könnte, wäre ich gar nie gekommen. Das Gefühl hat wahrscheinlich schon vorher langsam zu wachsen begonnen, aber es dauerte, bis ich es das erste Mal bewusst realisierte. Es war ein gewaltiger Schock für mich, als ich endlich verstand, dass sich etwas an der Beziehung zwischen meinem Vater und mir geändert hat.

Es tat mir sehr weh, aber mit einem Mal verstand ich, dass es nicht so weitergehen konnte. Zu dieser Erkenntnis trugen damals einige Dinge bei. Die Sexualkunde im Unterricht, wo ich beinahe laut rausgerufen hätte: Hach, das kenne ich, das mache ich mit meinem Papa andauernd. Ich hab aber noch nie Babys davon bekommen!

Ich tat es nicht. Ich blieb still und hörte mir das ganze technische und theoretische Zeugs an. Von wegen Vagina, Penis, Eindringen und so was.

Für mich waren Papa und ich etwas ganz Besonderes. Aber da dämmerten bereits die Wolken der Erkenntnis herauf. Buchstäblich Wolken, denn diese Klarheit, dieses Begreifen, was mein Vater mit mir getan hatte, möchte ich nicht mit einem wolkenlosen Himmel gleichsetzen.

Am Nachmittag nach dieser besagten Sexkunde-Stunde saß ich auf dem Spielplatz auf der Schaukel und grübelte nach. Warum hatte ich denn nichts gesagt? Ich war sonst zwar auch nicht unbedingt das große Plappermaul ... aber trotzdem. Warum hab ich nur den Mund gehalten?

Und während ich auf dieser Schaukel saß, begann ich zu befürchten, dass ich tatsächlich ein sehr schwerwiegendes Geheimnis in mir trug. Ein Geheimnis, mit dem ich sehr viel verändern würde, wenn ich es einfach so jemandem erzählte.

Irgendwas lenkte mich dann wieder vom Thema ab und das war auch okay. Aber nicht für lange.

In unserer Klasse war Lydia die erste, die einen «richtigen» Freund hatte und sie gab mächtig an mit ihm. Auf dem Pausenhof stand sie nicht mehr bei uns anderen Mädchen, sondern neben ihrem Jannick. Ich glaube zumindest, dass er so geheißen hat. Wir fanden das total scheiße. Sie flanierten auf dem Pausenhof wie auf einem Laufsteg, hielten schön brav Händchen und es dauerte nicht lange, da küssten sie sich und das versetzte natürlich die ganze Klasse in Aufruhr.

Nur mich nicht.

Ich verstand den ganzen Verriss nicht. Ich meine, wir alle küssten Mama und Papa, und ich küsste Papa auch auf sein Ding da unten und auf seinen Po. Was sollte also der ganze Aufstand?

Während meine Freundinnen noch enger zusammenrückten, um sich über Lydia und Jannick aufzuregen, begann ich wieder zu grübeln.

Einmal sprach ich mit meiner Freundin Sally über das Thema. Allerdings brachte sie das Gespräch ins Rollen.

«Dich scheint das mit Lydia ja gar nicht aufzuregen?»

«Nein, warum? Sie hat jetzt einen Freund. Na und?»

«Aber die knutschen schon.»
«Ist doch egal. Andere in unserem Alter machen ganz andere Sachen.»
«Wer hat denn so was Blödes gesagt?»
«Das weiß doch jeder.»
«Du erzählst nur Scheiß!»
«Gar nicht wahr! Es gibt Mädchen, die haben in unserem Alter schon Sex!»
«Du spinnst! In unserem Alter hat man keinen Sex! Hat doch auch die Lehrerin gesagt. Das macht man, wenn man sich selbst bereit fühlt und einen Freund hat, mit dem man schon länger zusammen ist und dem man vertraut.»
«Das ist doch Blödsinn.»
Da wäre es mir fast rausgerutscht. Am liebsten hätte ich sie angeschrien und ihr gesagt, dass mein Papa mir seinen Schwanz zeigt, ich ihn lutsche und er ihn mir sogar hinten reinsteckt! Dann hätte ich sie gerne an ihren Haaren in mein Zimmer gezogen, hätte ihr gerne die Kerzen gezeigt, hätte ihr gezeigt, wo man die überall reinstecken kann und hätte ihr auch gezeigt, wie mein Vater und ich es treiben.
Ich wurde so verdammt wütend. Ich hätte sie in dem Moment am liebsten ...
... vergewaltigt! Ich wollte ihr zeigen, wie sich das anfühlt.
Und als mir das klar wurde, musste ich weg. Ich rannte los und rannte den ganzen Weg bis nach Hause.

Ich verstand eigentlich gar nicht, warum ich so wütend war. Als ich zu Hause war, rannte ich ins Bad, zog mich aus und stellte mich unter die eiskalte Dusche. Das beruhigte zwar mein Herz, aber da war noch etwas anderes in mir, und das ließ sich nicht mit Eiswasser beruhigen. Und schon gar nicht ertränken.

Das war der Moment ... das erste und einzige Mal ... wo ich mich verletzte. Ich schnappte mir das Haarspray meiner Mutter und zwängte es in meinen Arsch. Natürlich war die Dose viel zu groß. Das wusste ich. Aber ich presste und drückte und presste immer weiter. Bis ich blutete.

In dem Moment – das gebe ich zu – verstand ich all die, die sich selbst verletzen wollen oder müssen. Wenn man sich fühlt, als würde man der Wirklichkeit von einem leeren Hotelzimmer aus zusehen, wie es passiert, und niemand hört dich, niemand nimmt dich wahr und alles, was du tust, hat ohnehin keine Bedeutung. Da wird man wahnsinnig. Ich wurde wahnsinnig. Und da ist der Schmerz ... und das Blut. Das Blut ist ja ein Zeichen von Schmerz – zumindest eine dankbare Zuflucht. Ein im tiefsten Sinne vergeblicher Versuch, die Kontrolle zurückzuerlangen. Doch anstatt näher ans Leben, an die Welt heranzutreten, gelangt man nur tiefer in sich selbst, als man vorher glaubte.

Als ich das begriffen hatte, habe ich damit aufgehört.

Die nächste Zeit wurde schwierig. Alles wurde anders. Das mit dem Wunsch nach einer kleinen Schwester für mich hatte Papa immer wieder mal so nebenbei vorgebracht. Wir sitzen alle beim Essen, die ganze glückliche Familie. Tante und Oma waren auch da und auch meine beiden Cousinen. Ich mochte sie nicht. Mann, waren das vielleicht bescheuerte Zwillinge. In meinen Gedanken nannte ich sie immer Fotze und Schleim.

Einmal hat Papa mit Fotze Eierkrieg gespielt. Also mit richtigen Eiern. Es war Ostern. Und da sagte er plötzlich zu ihr:

«Ich glaube, Nele hätte gerne noch eine kleine Schwester.»

Meine Mutter war in dem Moment wie versteinert, das hab ich selbst als kleines Kind gesehen. Meine Oma fand die Idee toll und stieg gleich drauf ein. Der Rest schwieg betreten.

«Da Mama nicht mitspielen will, haben wir ein Problem. Wir sind zu Dritt. Das ist ungerecht. Wir bräuchten noch ein kleines Schwesterlein für Nele.

«Ich komm ja schon und spiel mit.»

Auf diese Art und Weise brachte Papa das Thema immer mal wieder zur Sprache, aber meine Mutter ließ sich nicht kleinkriegen.

«Zwei Kinder sind mehr als genug!»

«Man kann doch nie genug Kinder haben!»

«Doch, kann man. Du bist ja nie zu Hause. Du bekommst das nicht so mit!»

«Ich kümmere mich darum, dass das Essen auf den Tisch kommt und die Miete bezahlt werden kann. Ich kümmere mich darum, dass wir in Urlaub fahren können. Und ich versuche, so viel Zeit wie möglich mit meinem Mädchen zu verbringen!»

«Vergiss ihren Bruder nicht!»

Das hat gesessen! Mein Bruder und er waren still. Totenstill. Ich glaube, ich wurde rot wie ein Feuerwehrauto. Das war mir so peinlich.

Ich selbst habe über das Thema nie gesprochen. Es war so, als betreffe es mich einfach nicht. Ich war ja ein Kind und hatte genug um die Ohren, warum sich also hier in einen Streit einmischen.

Natürlich hab ich mir damals schon die Frage gestellt, ob meine Mutter wusste, WARUM Papa noch ein Schwesterlein für mich haben wollte. Und ob sie wusste, dass es ihm dabei nicht so sehr um mich, sondern vielmehr um ihn selbst gehen würde.

Ja, ich glaube, sie hat es gewusst. Ich kann es auch nicht genau erklären, aber ich habe sehr lange über die ganze Geschichte nachgedacht und bin nicht wirklich schlau geworden aus der ganzen Sache. Was war zuerst da, das Ei oder das Huhn? Wollte

meine Mutter erst keinen Sex und dann keine Kinder mehr? Oder wusste sie zuerst von der Neigung meines Vaters und wollte deshalb keine Kinder mehr ... Ich weiß es nicht.

Und dann ist irgendwann ein ganz ausschlaggebender Moment gekommen. Oder man könnte sagen, eine ausschlaggebende Person. Leon! Er war einfach süß. Er war ein paar Jahre älter als ich und ja, ich glaube, ich war so richtig verliebt in ihn. Also so richtig, mit diesem Kribbeln im Bauch und so. Nicht so wie bei meinem Vater.

Leon hatte einen kleinen Sprachfehler. Er lispelte nicht wirklich, er hatte Probleme mit dem «Sch». Er sprach es irgendwie so aus wie ein ganz weiches «Ch». Das fand ich toll. Er hatte so straßenköterblondes Haar und verschmitzte Augen. Einfach ein wirklich gut aussehender Junge und sehr frech. Das mochte ich sehr an ihm.

Er war an der gleichen Schule wie ich, da haben wir uns auch kennengelernt, und ich glaube, er mochte mich auch. Aber es war seltsam, weil er eben unerfahren war. Er war ja auch noch ein Kind. Und ich war eben nicht mehr so unerfahren wie er. Für mich war das alles, was für ihn so neu und aufregend war, bereits ein alter Hut.

Das war ein seltsames Gefühl!

Einmal hatten wir uns nach der Schule beim Sportplatz verabredet und knutschten auch ein wenig rum. Langsam aber sicher schob er seine Hand unter mein Shirt. Ich spürte, wie er zitterte. Aber mich ließ es in diesem Moment total kalt.

Ich dachte unentwegt an meinen Papa. Und wie er das immer tat. Und ich begann, Leon und Papa zu vergleichen. Papas Hände waren viel, viel größer. Leons Hände waren dafür sehr viel weicher.

Leon zitterte vor Aufregung, bevor er die Hand auf meine Brust legte. Papa zitterte dabei nie. Er legte seine Hand einfach auf meinen Busen. Und plötzlich musste ich sehr laut lachen, weil ich mir Papa in Leons Alter vorstellen musste. Damit war es vorbei.

Dabei war es nicht böse gemeint. Besonders nicht Leon gegenüber. Aber das Gelächter hat ihn sehr verunsichert. Das hat er nicht verstanden und ich konnte es ihm einfach nicht erzählen. Was hätte er nur von mir gedacht?

Manchmal hab ich auch versucht, die Gefühle, die ich für Leon hegte, mit den Gefühlen, die ich für Papa empfand, zu vergleichen. Das war und ist auch immer noch richtig schwer. Ich habe schon so oft darüber nachgegrübelt, na ja ... ich bin ja auch nur ein Mensch. Und doch lassen sich diese beiden Gefühlswelten nicht unter einen Hut bringen.

Ich habe meinen Papa und die ganzen Sachen, die er mit mir – oder besser gesagt, die wir gemeinsam – gemacht haben.

Und auf der anderen Seite gibt es da mein Leben in der Schule, mein Leben mit Freunden, und da gehört halt auch irgendwie das Sich-Verlieben dazu. Aber wenn ich dieses Kribbeln hatte, war auch immer mein Papa im Hinterkopf.

Nicht weil ich dachte, bei meinem Papa war es toller oder besser, sondern weil er eben mein Papa war. Die Person, die alles mit mir zum ersten Mal gemacht hatte. Meinen ersten richtigen Kuss, also so richtig mit Zunge und Leidenschaft, erhielt ich von ihm.

Das erste Mal befriedigt wurde ich von Papa, und so vieles mehr. Es war also so, dass ein Junge, der in mich verliebt war, mir nichts geben konnte, was ich nicht schon irgendwie kannte.

Und wenn ich jetzt an die Jungs zurückdenke, die ich irgendwie ... ich weiß nicht, ob ich sagen kann, dass ich in sie verliebt gewesen bin ... na ja, die ich halt irgendwie mochte, war da

immer mein Papa in meinen Gedanken und ich dachte immer: «Ha, gegen Papa können die doch nicht anstinken.» Ich meine, Papa war erwachsen, er verdiente sein eigenes Geld, hatte ein Haus und konnte einfach so viele Dinge, die Teenager nicht konnten. Und er hatte viel Erfahrung.

Ich kann mich noch gut daran erinnern, wie mich mal ein Junge bei einer Schulveranstaltung küsste. Es war eine Theateraufführung und irgendwie stand er ganz plötzlich neben mir auf der Bühne, kurz bevor ich meinen Auftritt hatte. Er sah mich so unsicher an. Beinahe flehentlich. So als würde er auf ein «Ja» von mir warten.

Dann endlich überwand er sich und küsste mich. Er küsste nicht gut. Das war irgendwie schon seltsam. Am liebsten hätte ich ihm gesagt, dass Papa besser küssen kann als er. Aber ich tat es nicht. Ich ging von der Bühne.

Die Zeit mit Papa wurde in der Zwischenzeit immer schwieriger. Also in der Zeit, bevor wir unseren letzten Sex hatten. Es gab nur noch selten Versuche von ihm, aber die endeten immer gleich: Er bekam seinen Willen. Aber er musste mich dazu nicht überreden oder ich hab mich zumindest dabei nie wirklich überredet gefühlt. Er wurde auch nie laut oder aggressiv. Er war immer ... nett.

Das war generell eine seiner bestechendsten Eigenschaften. Er war immer nett. Ich meine, er war Vertreter und er war sehr erfolgreich. Aber nicht so, wie man sich Vertreter vorstellt. Er war nicht laut, er lachte auch nicht so falsch, wie einige seiner Kollegen es taten.

Ich konnte mit vielleicht acht Jahren die speziellen Maschen seiner Kollegen schon ganz gut erkennen. Der eine, der immer alle in den Arm nahm und dann ganz leise und eindringlich

zu sprechen begann. Oder der andere, der immer am lautesten lachte und viele Witze erzählte. Der kaufte sich immer Bücher mit Witzen drin und lernte die dann auswendig. Um nur ein paar Geschichten zu nennen. Mein Papa hatte diese Maschen nicht, jedenfalls habe ich keine erkennen können. Er war immer nett, höflich und freundlich. Er nahm sich Zeit für einen, hörte zu und war einfach ... gut.

Zwischen uns zwei häuften sich jedoch mit der Zeit diese Gespräche, die immer komischer wurden. Ich hatte ja schon erzählt, dass ich ihn schon gefragt hatte, warum er mit mir Sex habe. Solche Gespräche häuften sich. Und mit der Häufung dieser Gespräche nahmen auch seine Avancen ab. Vielleicht war es – ich weiß es nicht genau – eine Mischung aus mehreren Faktoren, die uns voneinander entfernten.

Natürlich war ich mittlerweile ein Teenager, also nicht mehr so attraktiv für ihn wie früher. Ich war einfach jünger als meine Mutter, und er wusste, dass er sich mir nähern durfte. Wenn er eine Erektion hatte, wusste ich, was zu tun war, aber ich war wohl nicht mehr das junge Früchtchen, das er so sehr begehrt hat.

Außerdem hatte ich inzwischen auch nachmittags und am Wochenende viele Aktivitäten und deshalb bot sich einfach nicht mehr so oft die Gelegenheit, miteinander zu schlafen.

Vermutlich hat es ihn auch gestört, dass ich zu nörgeln und zu fragen begonnen habe und vielleicht versaute ihm das auch ein wenig den Sex mit mir. Ich denke, man hat Sex, um sich besser zu fühlen. Und wenn dann nach dem Sex jemand da ist, der dich runterzieht, ich glaube, das schreckt ab.

Und zum Schluss darf man auch nicht vergessen, dass ich mittlerweile meine Tage hatte. Da hab ich mich also auch verweigert, das finde ich eklig. Also kannte er das ja auch schon, dass ich

Nein sage. Und vielleicht erinnerte ihn das auch sehr an Mama. Das war dann wohl auch nicht sehr perfekt.

Irgendwann hab ich ihm auch erzählt, dass ich mich in jemand anderen verliebt habe. Da hab ich natürlich Leon gemeint. Er hat es gleichgültig zur Kenntnis genommen. Ich bin mir nicht sicher, ob das seine tatsächliche Reaktion war, aber er hatte wohl auch keine Chance, etwas anderes zu tun in diesem Moment.

Wir saßen da gerade am Frühstückstisch und ich hatte die Sache schon zu lange rausgezögert. Also sagte ich es kurz bevor ich in die Schule musste. Er sagte so was wie: «Aha, und wie heißt der Junge?»

Und ich sagte seinen Namen und dass er in die Klasse über mir geht.

Dann wieder: «Aha.» Und weiter Zeitung lesen.

Wir haben über das Thema nicht gesprochen, aber ich hatte das Gefühl, dass er sich beim nächsten Versuch, Sex mit mir zu haben, vorsichtiger verhielt.

Wenn ich heute an Leon denke, dann ist es sehr schmerzhaft für mich. Ich habe jemanden verletzt, der mich mochte. Ich glaube, wir haben einfach in unterschiedlichen Welten gelebt. Ich hatte ja schon erzählt, dass ich ihn unterbewusst wohl immer irgendwie mit Papa verglichen habe. Und Leon war nun einfach mal um einiges unerfahrener als ich. Was ja in diesem Alter auch nicht schlimm war. Eigentlich.

Einmal saßen wir bei ihm im Zimmer und seine Mama war nicht da. Er war total aufgeregt. Die Atmosphäre schien irgendwie aufgeladen zu sein. Er dachte wohl, dass auch ich aufgeregt oder nervös wäre, weil ein so viel größerer, stärkerer Junge jetzt plötzlich mit mir alleine war. Man konnte ja nie wissen, was passiert.

Leon tat immer so, als wär er ein total krasser Typ. So richtig cool und so. Aber er hat mir auch mal erzählt, dass er eigentlich

gerne so ein Piercing hätte. So eins wie der Sänger von *Disturbed* hatte. Aber er hatte gleichzeitig auch riesen Schiss. So mutig und cool war er dann wohl doch nicht.

Jedenfalls, als wir alleine waren, holte er was zu trinken und natürlich wusste er nicht, dass ich bei Papa ab und zu Wein trinken durfte. Er kommt also mit einer Flasche Sinalco-Limonade wieder zurück. Als er so mit der Limo im Türrahmen stand, musste ich schon wieder grinsen.

«Was ist?», fragte er.

«Nichts.»

«Komm schon. Ich seh' doch, dass da was ist.»

«Hast du auch Wein da?»

«Alkohol?»

Leon war ja wirklich niedlich! Wie ein erschrockenes Kind stand er in der Türe. Auf der einen Seite versuchte er beharrlich, so unendlich cool wie nur irgendwie möglich zu wirken, und als hätte er die ganze Situation unter Kontrolle. Aber das hatte er einfach nicht. Er wirkte eher wie ein kleines Kind, das man anstiften wollte, damit es etwas Böses und Verbotenes tun soll.

«Ja, Wein halt. Hast du vielleicht weißen?», fragte ich.

«Ich muss mal gucken ...»

«Mach das!»

Wir gingen gemeinsam in die Küche und sie hatten tatsächlich Wein zu Hause. Aber der war nicht gekühlt. Ich glaub, die benutzten den wohl ursprünglich zum Kochen. Aber ich wusste, dass Wein hilft, wenn man ... na ja ... wenn man halt nicht so in Stimmung ist. Wein macht locker. Wein entspannt.

«Dann gib mir ein kleines Glas. Keine Sorge wegen deinen Eltern. Ich saufe nicht, ich mag nur den Geschmack», sagte ich lässig.

«Komm schon! Fast alle in der Klasse rasieren sich schon.»

«Echt??»

«Hallo? Ich hab Sport mit denen. Wir sehen uns nackt. Ja, also mach dir nicht ins Hemd.»

«Gut.»

«Auf was stehst du so?»

«Wie?»

«Na, was findest du geil?»

Er druckste rum, wie ein kleines Kind. Ich wusste in dem Moment, dass ich viel zu schnell vorging, aber irgendwie wollte ich ihm unbewusst zeigen, wie viel doch zwischen uns steht. Wie weit ich ihm doch voraus bin.

«Du kannst mir auch einfach auf *YouPorn* zeigen, was dich anmacht. Wenn es nicht zu eklig ist, können wir es ja nachmachen, ja?»

«Echt?», Leon wirkte wie im falschen Film.

«Klar. Warum nicht?»

«Auf was stehst denn du?», wollte er dann plötzlich wissen.

Und da hielt ich dann selber plötzlich inne. Obwohl ich schon seit mehr als zehn Jahren Sex hatte und mein Vater sicherlich viel mit mir gemacht hatte, die Frage, was mir gefällt, ist dabei nie gekommen! Was mochte ich eigentlich? Papa wollte mal meine Muschi oder mein Poloch lecken, mich mal anal ficken oder tief in seinen Gedanken wohl auch in der Öffentlichkeit. Aber was ich mochte, wusste ich nicht. In diesem Moment verlor ich die Kontrolle über die Situation.

«Keine Ahnung.»

Ich musste mir nach einer langen Pause wirklich eingestehen, dass ich es nicht wusste. Sein Schwanz wurde langsam wieder weich und in diesem Moment hat er mir noch mehr leid getan. Ich ging auf ihn zu und sah ihn von unten an. Machte diese

ganz großen «Kleine-Mädchen-Augen» und streichelte währenddessen sein Teil.

«Ich blas ihn dir, wenn du magst. Oder wir ficken halt ein wenig. Oder magst du ihn lieber hier reinstecken?»

Ich drehte mich um und zog meine Pobacken etwas auseinander. So wie ich es aus den Pornos kannte. Jeder, der nur etwas Erfahrung hatte – das lernte ich selber auch erst später –, hätte sofort gesehen, dass dieser Arsch schon einiges erlebt hatte!

«Äh ... Ähm ... So hab ich mir das irgendwie nicht vorgestellt», sagte er.

Leon rannte plötzlich aus dem Zimmer. Ich ging ihm nach und ich sah, wie er auf seinem Kinderbett hockte und mit den Tränen kämpfte. Ich hatte ihn überrumpelt, hatte ihm gezeigt, wer hier die Hosen anhatte. Haha ... Irgendwie war es damals witzig ..., dass ich ihn so vollkommen verunsichert hatte. Er hatte in mir also jemanden gefunden, der nicht nach seiner Pfeife tanzt, der seine Vorstellung vom Verliebt sein durcheinanderwirbelte. Ich war jemand, der seine heile Welt, seine perfekte Illusion der ersten Liebe mit Urangranaten beschoss.

In diesem Moment habe ich nicht gewusst, dass Leon noch Jungfrau gewesen ist. Das wurde mir erst später klar. Damals fand ich ihn lediglich unglaublich unerfahren und ... na ja irgendwie schon stümperhaft im Vergleich zu Papa. Da habe ich insgeheim geschmunzelt und mir schon gedacht: «Oh je, wenn die alle so sind, dann ist es doch besser, wenn ich bei Papa bleibe ...» Aber irgendwie war mir auch bewusst, dass das totaler Bullshit war.

Nicht mein Papa war der Normalfall. Nicht der erfahrene ältere Vater, der zu seinem Kind in die Kiste hüpft ist der Normalfall. Es ist auch nicht normal, dass ich in diesem Alter wusste, wie man sich für Analsex vorbereitet, wie man richtig bläst oder wie man

ihn schön hart macht. Das wurde mir alles zu dieser Zeit umso bewusster, obwohl ich mich im Geiste noch über Leon lustig gemacht habe. Das tut mir immer noch leid.

Danach wussten wir beide, dass es aus war. Aber wir lagen bestimmt noch eine Stunde aneinander gekuschelt auf seinem Bett. Nackt. Ohne etwas zu tun. Und ich müsste lügen, wenn ich sagen würde, ich hätte diese Stunde nicht genossen.

Nicht Leon hat was falsch gemacht. Ich war der Freak. Vielleicht bin ich es auch immer noch ...

KAPITEL 4

Die Anzeige.

Im Nachhinein tut es mir so verdammt leid, weil Leon einfach nur ein verliebter Junge war. So wie man als Teenager eben verliebt ist. Man weiß nicht wohin mit seinen Gefühlen, die Jungs ziehen sich untereinander auf und werfen mit proletigen Ausdrücken wie «Schlampe», «Fisten», «Arschfick» und ähnlichen Worten nur so um sich, aber wenn sie dann ein Mädchen finden, das ihnen das auch bieten würde, werden sie plötzlich wieder ganz klein, ganz kleinlaut und müssten nun plötzlich beweisen, was sie können oder eben auch nicht.

Ich habe Leon diese erste Erfahrung, dieses erste Glück, diese erste Liebe genommen. Und das tut mir unendlich leid. Und das ist eine der schlimmsten Sachen, die ich Papa vorwerfe: Dass ich jemanden, der mich mochte, der mich lieb hatte, vielleicht sogar liebte, wehgetan habe.

Nach diesem Tag sind wir uns in der Schule aus dem Weg gegangen. Ich weiß nicht, ob er von dem Erlebnis erzählt hat, aber ich glaube nicht. Wir konnten uns nicht einmal mehr in die Augen schauen. Ich hatte mich benommen wie eine Schlampe. Wie eine Hure, denn ich verspürte in diesem Moment absolut keine Lust, es war eher ein mechanischer Reflex.

Ein furchtbarer Tag, der mir noch klarer vor Augen führte, dass das, was mein Papa mit mir tat, falsch war.

Die nächsten Tage brachten eine große Veränderung mit sich. Die Auseinandersetzungen mit Papa wurden immer häufiger. Ich glaube, die Sache mit Leon hat da auch seinen Part mit beigetragen. Es tat mir einfach so leid, dass ich jemanden verletzt habe.

Und in mir wurde das Gefühl nun immer größer, dass das, was Papa mit mir machte und irgendwie auch immer noch macht – nur eben seltener –, falsch ist. Das Gefühl wuchs in mir wie ein unaufhaltsamer Tumor. Es liegt schon irgendwie eine gewisse Ironie darin, dass ich das dadurch spürte, weil mich mein Papa nun weniger ... liebte ... oder benutzte.

Wir hatten immer weniger Sex miteinander. Er sprach auch immer wieder davon, dass ich eine kleine Schwester bekommen sollte. Mein Vater war also tatsächlich pädophil und stand einfach auf kleine Kinder. Ich war nicht mehr klein. In dem Moment, wo ich gewachsen bin, wurde ich uninteressant für ihn.

Ich glaube, die letzten Male Sex mit mir fand er auch gar nicht mehr so toll. Er hatte einfach nur Sex mit mir, weil er es eben tun konnte und weil sonst nichts «Passenderes» da war. Das fühlte sich so richtig schön beschissen an.

Und da spürte ich zum ersten Mal das Gefühl in mir, wie es sein musste, wenn man eine Nutte war. Wie es sein musste, eine Hure zu sein. Du wirst nicht begehrt und geliebt, sondern einfach nur benutzt. Wie ein Alltagsgegenstand, wie eine Plastikflasche oder ein Kondom, das man danach einfach in die Mülltonne schmeißt.

Ich glaube, das war wohl der zweite Grund, warum ich ihn angezeigt habe. Ich fühlte mich zurückgesetzt. Weniger geliebt. So habe ich das Erwachsenwerden erlebt: Man verletzt die, die man liebt. Und die, die einen lieben sollten, tun es auf die falsche Weise oder gar nicht oder nicht mehr.

«Komm her!», forderte Papa mich bei einem dieser besagten Male auf.

«Warum?», warf ich ihm entgegen.

«Du weißt doch warum.»

«Nein, weiß ich nicht.»

«Muss ich es extra sagen?»

«Warum nicht?»

«Ich will dich!», sagte er.

«Wirklich?»

«Was soll das nun schon wieder? Kommst du jetzt?»

«Ich hab keine Lust.»

«Was? Du hattest doch immer Lust?»

Er wurde ungeduldig.

«Quatsch! DU hattest immer Lust. Für mich war es Routine.»

«Jetzt erzähl mir nicht, du hättest es nicht auch genossen. Wir hatten so tolle Zeiten miteinander.»

«Das stimmt.»

«Was stimmt?»

«Wir HATTEN.»

Er war in diesem Moment wohl etwas baff. Er saß auf meinem Bett und sah mich seltsam an. Es war ein sehr merkwürdiger Blick. Wie der Blick eines Freiers, der merkt, dass die Höflichkeit und Nettigkeit der Hure nur gespielt war. Dass sie nur so lange lieb und nett zu ihm gewesen ist, solange man ihr gab, was sie wollte.

Und dann schien es so, als ob er versuchte, das alles mit einem simplen Seufzen beiseite zu wischen.

«Nun komm schon. Du weißt doch, dass ich aufpasse, dass du auch kommst.»

«Das weiß ich.»

«Na also. Jeder bekommt das, was er will.»

«Ich will nicht kommen.»

«Mir auch recht.»

«Ich will aber auch nicht, dass du kommst.»

Nun schien er zu platzen.

«Sag mal, was soll der Scheiß?»

«Sprichst du mit allen Frauen so, mit denen du schläfst?», provozierte ich ihn.

«Hä?»

«Vielleicht schläft Mama deshalb nicht mit dir!»

Daraufhin schlug er mich. Das erste und letzte Mal. Wir hatten danach zwar noch Sex, aber ich wusste, dass es ihm nicht gefiel. Und er wusste, dass es mir nicht gefiel. Jetzt war ich nicht mehr seine kleine Prinzessin. Ich war nur noch ein Spielzeug, das er benutzte, um sich abzureagieren. Damit wuchs die Wut auf Mama, weil die ja eigentlich mit ihm schlafen müsste. Wozu ist man sonst verheiratet?

Zum ersten Mal habe ich mein Schweigen in der Schule gebrochen. Ich hab zwar nichts direkt erzählt, aber ich habe eine Bemerkung gemacht, die gleich etwas Aufsehen hervorrief.

Wir haben in einer Unterrichtsstunde über Prostitution gesprochen. Frau Ulbricht meinte zusammenfassend, dass Prostitution – bei ihr war immer alles gleich Zwangsprostitution, den freiwilligen Entschluss dazu kannte sie nicht – das Schlimmste auf der Welt sei.

Ich habe dann «Pff!» gemacht, weil ich das dämlich fand. Ich habe mir zu der Zeit tatsächlich immer mal wieder vorgestellt, eine Nutte zu sein. Ich denke, ich war zu diesem Zeitpunkt beim Sex schon recht gut, also ich hatte halt im Gegensatz zu den anderen Mädchen auf jeden Fall viel, viel mehr Erfahrung. Und – das hatte ich mittlerweile mitbekommen – die Jungs stehen total

auf Analsex. Und das war ja ein Leichtes für mich. Papas Schwanz hatte mich ja seit Jahren quasi geweitet.

Frau Ulbricht meinte, ich solle nach der Stunde mal bitte dableiben.

«Was sollte dieses Pff?», wollte sie wissen.

«Na ja, Pff eben.»

«Junge Dame! Prostitution ist ein schweres Verbrechen an den Frauen.»

«Ich finde das nicht schlimm, wenn man das möchte.»

«Das möchte aber doch niemand.»

«Doch.»

«Warum?»

«Wenn man gut ist, dann ist doch nichts Verkehrtes dabei, wenn man damit auch sein Geld verdienen will.»

«Wenn man worin gut ist?», Frau Ulbricht wurde immer angespannter.

«Sex.»

«Was willst du damit sagen?»

«Nichts.»

«Nele, so was sagt man doch nicht einfach so. Das ist ja furchtbar.»

«Ich meine halt, wenn man viel Sex hat und merkt, dass man gut darin ist, weil es dem anderen gefällt, dann kann man daraus doch einen Beruf machen. Weil die meisten in dem Alter noch keine Erfahrungen haben.»

«Du hast Erfahrungen? Hast du denn einen Freund?»

«Nein, also ich hatte mal einen, aber mit dem hatte ich keinen Sex.»

«Aber du hattest Sex?»

«Sex wird heutzutage überschätzt. Das ist doch wie duschen. Man macht es einfach.»

«Nele, was willst du mir damit sagen?»

«Ich muss in den Unterricht.»

«Nele, wenn du so etwas sagst, dann muss ich diesen Andeutungen nachgehen.»

Und somit war der Stein ins Rollen gebracht. Und es hat auch gar nicht so lange gedauert, bis ich dann wirklich gesprochen habe.

Ich war 16 Jahre und 324 Tage alt, als ich meinen Papa anzeigte. Und bis zu diesem Zeitpunkt war Papa auch der erste und einzige Mann, mit dem ich wirklich geschlafen hatte. Die zweite Person, mit der ich Sex hatte, lernte ich erst später kennen. Und danach ging es Schlag auf Schlag. Im wahrsten Sinne des Worten.

Der Tag, als ich geredet habe, war schon sehr, sehr komisch. Ich habe mich gefühlt wie auf Drogen. Ich bin zur Polizei gegangen und habe dann dort am Eingang geklingelt. Da muss man ja erst in so einem Vorraum rumstehen. Da sind überall Kameras und man wird erst mal gefragt, was man will.

«Ich möchte eine Anzeige aufgeben.»

«Okay. Um was handelt es sich?»

«Missbrauch», brachte ich hervor.

Die Dame am Empfang, die eigentlich gar nicht so alt war, wurde plötzlich kreidebleich und schien vom einen Moment auf den anderen um mindestens zwanzig Jahre gealtert zu sein. Sie sah plötzlich richtig alt aus. Sie sagte, es würde gleich jemand kommen, um meine Aussage aufzunehmen.

Ich wartete und wartete. Ich saß in dem Vorraum und während ich die Zeit vergehen ließ, brachten die Polizisten immer wieder

ein paar Leute an mir vorbei. Es waren immer ein oder zwei Polizisten und ein Typ. Es waren immer alles Männer. Keine einzige Frau war dabei. Machen Frauen nie was Schlimmes? Oder werden sie nur nie dabei erwischt? Und die ganzen Typen sahen auch noch alle so aus, als hätten sie was Ordentliches ausgefressen. Das war echt seltsam.

Dann ging endlich die Türe auf und ein junger Typ stand vor mir. So hätte ich mir den Mann nicht vorgestellt, der mich in Empfang nehmen würde. Er sah wirklich erstaunlich gut aus, hatte blondes struwweliges Haar und ein kurzes weißes T-Shirt an, unter dem man seine heftigen Muskeln herausblitzen sehen konnte. Also er wirkte zwar nicht wie ein Bodybuilder, sondern eher so superheld-mäßig. Wow, der sah schon gut aus ... Und auf seinem Unterarm prangte ein großes Tattoo. Dort stand «Carpe Diem».

«Sie sind hier, um eine Anzeige aufzugeben?», fragte er.

«Ja.»

«Dann kommen Sie doch mal mit.»

Wir sind durch die Polizeiwache in sein Büro gegangen und dort hat er mir dann einen Stuhl und etwas zu trinken angeboten. Dann begann er, meine Personalien aufzunehmen und das Protokoll vorzubereiten. Es war irgendwie eine blöde Situation, denn ich hatte irgendwie so ein Kribbeln im Bauch durch diesen Typen. Und diesem Typen sollte ich nun erzählen, dass ich mit meinem Papa fickte? Also ich war zwar nicht wirklich verliebt in den gut aussehenden Kerl, aber ich dachte mir halt irgendwie: So einer, der wär's doch!

«Also, was möchten Sie zu Protokoll bringen?»

«Ich möchte ... also das ist vielleicht das falsche Wort, aber ...», stotterte ich herum. «Na ja, also ich hatte Sex ... also mit meinem Papa ... Fuck.»

«Sie meinen, Ihr Vater hat Sie missbraucht?»

«Ja, nein ... also er hat ... also Gewalt war da nie im Spiel ... aber er hat mit mir ... geschlafen.»

«Wann ist das geschehen?», hakte er nach.

«Wie wann?»

«Wann hat Ihr Vater mit Ihnen geschlafen?»

«Wie jetzt? Das letzte Mal oder das erste Mal oder wollen Sie jedes einzelne Mal wissen? Das krieg ich nämlich nicht mehr zusammen. Das war zu oft.»

Er stockte. Mit dieser Antwort hatte er nicht gerechnet.

«Nun gut ... äh ...», nun stotterte auch er.

Ich merkte, dass er ziemlich aus der Fassung war. Ich glaube, er ist sogar etwas blasser geworden. Und irgendwie hatte er den Faden verloren. Aber er versuchte es sich nicht anmerken zu lassen. Er verschränkte die Arme hinter dem Kopf ... genauso wie es Dr. Cox aus dieser Comedy-Serie *Scrubs* auch macht, blickte nach oben und saugte an seinen Zähnen. Das war irgendwie süß.

«Also Frau Hoffmann, ich fürchte ... ich denke, na ja, ich fürchte, Sie werden mir einiges erzählen müssen, denn wir brauchen alle Informationen, die Sie uns geben können, damit wir die Staatsanwaltschaft einschalten können. Möchten Sie, dass eine weibliche Kollegin die Befragung fortsetzt?»

«Nein!»

Das war etwas zu schnell, glaube ich. Er musste sich ein leichtes Grinsen verkneifen, was ja auch in dieser Situation absolut nicht angemessen war. Ich musste auch grinsen, was das, was folgte, nicht einfacher machte.

Er zog eine Psychiaterin oder so was in der Art hinzu, aber die hielt sich die ganze Zeit dezent im Hintergrund, ich merkte gar nicht, dass sie da war.

«Also gut. Wann die Sache angefangen hat, weiß ich nicht mehr so genau. Aber ich war auf jeden Fall noch nicht in der Schule ...»

Dann begann ich zu erzählen. Ich habe ihn dabei nicht angesehen, sondern habe der Sonne draußen zugesehen, wie sie sich am Fenster vorbeibewegte. Der Polizist tippte immer wieder mit, überließ es aber hauptsächlich dem Diktiergerät, meinen Erzählungen zu folgen. Als ich fertig war, bemerkte ich, dass die Sonne bereits verschwunden war und es dämmerte.

«Und was passiert jetzt?»

«Wir möchten die Staatsanwaltschaft einschalten und Ihren Vater in Untersuchungshaft nehmen. Möchten Sie warten, bis das erledigt ist?»

«Wenn ich es genau bedenke, weiß ich eigentlich gar nicht, ob ich nach Hause will.»

«Wegen der Erinnerungen?»

«Unter anderem.»

«Wir können Sie mit einer Streife nach Hause bringen. Dann könnten Sie sich einige Sachen zusammenpacken und danach würde man Sie in ein Frauenhaus bringen.»

«Was? Zu all den verhauenen Muttis?»

Für den Moment fand ich die Vorstellung absurd und lustig. Aber nur für einen Moment. Dann – und es war genau dann – wurde mir klar, dass ich in den Augen all jener, denen ich meine Geschichte erzählen würde, genau das war, was in solchen Frauenhäusern Zuflucht sucht: ein Opfer!

In diesem Moment begann ich zu weinen.

Dass ich Papa angezeigt habe, machte die Sache auch nicht einfacher, denn ich war ja schon älter, und auch wenn der Missbrauch

immer noch schlimm war, hatte ich den Eindruck, als wollte man mir nicht so richtig glauben. Sie konnten nicht verstehen, warum ich so lange gewartet habe.

Als ich denen alles erzählt habe, fühlte ich mich nicht anders. Nicht befreit. Nicht besser. Sondern einfach ... älter. Ein Kapitel meines Lebens – und beileibe nicht das Schlechteste – hatte ich nun hinter mir.

Nachdem ich alles erzählt hatte, wurde mir gesagt, ich sollte nicht nach Hause gehen. Ich sollte doch hierbleiben. So müsste ich nicht mit ansehen, wenn sie meinen Papa abholen würden.

Ich glaube, sie wollten mich dabehalten, um zu gucken, ob ich meine Aussage revidiere. Aber das tat ich vorerst nicht. Ich saß einfach nur stumm da, trank widerlichen Kaffee aus einer Tasse mit Homer-Simpson-Motiv vorne drauf.

Ich fragte mich die ganze Zeit, ob das, was ich getan hatte, richtig gewesen war. Immerhin würde diese Geschichte mein ganzes bisheriges Leben auf den Kopf stellen und auch meine Zukunft. Wie würde es nun weitergehen? Würde die Geschichte an die Presse gelangen? Wäre ich von diesem Moment an für immer nur das Opfer?

Denn ich fühlte mich selber nicht wirklich als Opfer. Noch nicht. Ich fühlte mich nicht gut, weil ich all die Jahre geschwiegen hatte, aber jetzt aus einem Groll heraus meinen Vater doch verriet. Es ist schon seltsam: Es machte mir komischerweise mehr aus, dass ich Leon wehgetan habe, als dass mich mein Vater jahrelang ... missbrauchte.

Auch dieses Wort: Missbrauch! Missbrauch kam mir bei der ganzen Geschichte eigentlich nie in den Sinn. Wir hatten Sex. Mein Papa hat mich ganz besonders geliebt. Und ich wollte ja auch geliebt werden. Also gehörte es wohl dazu.

Ich habe es einfach hingenommen und mir nicht groß was dabei gedacht. Erst als die Sache mit Leon passiert ist, und als ich bemerkte, dass Papa sich mir gegenüber anders verhielt, fühlte ich mich verletzt, zurückgesetzt und begriff, dass das, was er mit mir all die Jahre getan hatte, nicht richtig war.

Die Situation mit meiner Mutter wurde zu dieser Zeit auch sehr schwierig. Ich selber konnte ihr die Sache mit Papa nie sagen, obwohl sie es vermutlich ohnehin wusste. Ich konnte es ihr nicht sagen und ich tat es auch nicht. Sie bekam es gezwungenermaßen mit, als ich auf eigenen Wunsch auszog und mein Vater dann von der Polizei abgeholt wurde.

Als das geschah, war ich nicht da. Ich weiß nicht, wie es passierte. Ich weiß auch nicht, wie Mama reagiert hat. Aber als ich nach Hause kam, saß meine Mama am Küchentisch und hielt einen zerknitterten Zettel in der Hand.

Ein Blick genügte. Nein, eigentlich reichte alleine schon der Geruch, den ich wahrnahm, als ich die Haustür öffnete. Kennst du das, wenn du mit einem Mal weißt, nicht nur ahnst, sondern definitiv weißt, dass ES passiert ist. Dass die unaufhaltbare Lawine, die du selber ins Rollen gebracht hast, über alles hinweggefegt war?

Du musst es nicht einmal sehen. Du spürst es. Du riechst es. Und in dem Moment, als ich in die Küche trat, sah sie mich so unendlich böse an, dass ich dachte, ich müsste allein an diesem Blick sterben.

«Dein Vater ist im Gefängnis.»

«Ja.»

Mehr brachte ich in diesem Moment nicht heraus. Ich hab gesehen, dass sie geweint hatte.

«Warum tust du uns das an?»

«Was denn?»

«Warum machst du unsere Familie kaputt? Es hat doch alles funktioniert.»

Ich kann mich noch ganz genau daran erinnern, dass sie «funktioniert» gesagt hatte. Vielleicht war unsere Familie für Mama genau das: etwas, das funktionierte. Etwas, das vielleicht ab und zu mal knarzt und knackt und vielleicht auch nicht reibungslos funktioniert, aber das ist ja in dieser Welt rein physikalisch sowieso nicht mehr möglich.

Sie gab mir die Schuld an allem. In dem Moment war das für mich auch irgendwie logisch. Ich habe meine Verhaltensweise geändert und damit alles aus der gewohnten Ordnung gebracht.

«Ich weiß nicht.»

«Die Familie ist ruiniert. Hast du dir mal Gedanken darüber gemacht, wie wir, wenn alles vorbei ist, beieinandersitzen sollen? Und was, wenn es Gerede gibt? Dann müssen wir umziehen ...»

Mama war besessen vom schönen Schein. Der musste gewahrt werden. Sie sprach das alles mit brüchiger Stimme. Mit dieser Stimme, die nur Mütter haben. Dieses tiefe Verletzt-Sein, wo man doch versucht, die Haltung zu bewahren. Dieses «am Abgrund stehen» und sich mental schon im freien Fall befinden.

Es war eine der schlimmsten Situationen in meinem Leben. Dieses kurze Gespräch. Und ich glaube, dieses Gespräch war auch der Grund, warum ich die Aussage dann doch widerrufen habe.

Es war der größte Fehler, den ich gemacht habe, dass ich meine Aussage widerrufen habe. Es war wirklich ein mächtiger Fehler, denn dadurch wurde später erfolgreich meine Glaubwürdigkeit angezweifelt. Aber wer weiß heute wirklich, wozu so was gut war ...

Ich glaube, es war wirklich das Gespräch mit Mama und dieses neue Gefühl zu Hause ... Dass man hier nicht mehr Willkommen ist, dass man das gute «Zuhause-Gefühl» kaputt gemacht hatte. Irgendwie dachte ich, dass ich es vielleicht doch noch einmal zusammenkleben kann. Irgendwie dachte ich, dass es noch mal «funktionieren» konnte.

Das tat es nicht.

KAPITEL 5

Lara.

Die Dinge nahmen ihren Lauf. Ist ein solcher Vorwurf erst einmal in der Welt, ist es eine Sache der Staatsanwaltschaft. Das kann man dann nicht mehr aufhalten. Sie mussten der Sache nachgehen.

Ich habe meinen Widerruf widerrufen. Somit hatten sie nun meine endgültige Aussage und irgendwie erhielten sie dann schließlich auch eine Art Geständnis meines Vaters. Wie sie das aus ihm rausgekriegt haben, weiß ich nicht. Aber damit war die Sache nun klar und besiegelt: Die nächsten Schritte waren Gericht und Verurteilung. Die Familie war kaputt. Unrettbar. Sie funktionierte nicht mehr.

Ich musste von zu Hause raus. Ich bin dann auch kurze Zeit später ausgezogen, in eine betreute Wohngruppe, weil ich auch bei meiner Mutter nicht mehr bleiben wollte. Wie gesagt: Ich hatte mein Zuhause kaputt gemacht. Also nicht das Haus, sondern die Atmosphäre, das Gefühl, die Idee von einer Zufluchtsstätte. Ich musste da raus. Und ich war auch nicht mehr Willkommen.

Mein Bruder war zu dieser Zeit schon ausgezogen. Und wie schon mal erwähnt, hab ich seitdem nichts mehr von ihm gehört. Aber ich kann mich noch genau erinnern, als ich noch ein letztes Mal nach Hause fuhr, um meine Sachen zu holen, für den

Umzug in die betreute Wohngruppe, die man mir angeboten hatte. Da habe ich meine Mama noch mal getroffen und das war alles andere als schön. Ich bin gekommen, um für immer zu gehen, das war schon auf der einen Seite nicht gerade prickelnd, aber so wie Mama war, das war noch viel schlimmer. Noch bevor ich an die Tür kam, öffnete sie. Und ihr Blick war so kalt, so böse.

Ich ging wortlos an ihr vorbei in mein Zimmer, holte meinen Rucksack unter dem Bett hervor und begann zu packen. Sie stand im Türrahmen.

«Warum hast du das gemacht?», fauchte sie.

Ihre Stimme klang so alt. Sie hörte sie älter und gebrechlicher an als meine Oma.

«Fragst du dich eigentlich nicht, warum Papa das gemacht hat?», fragte ich.

«Ach, das ist doch Blödsinn!!!»

Sie explodierte förmlich.

«Warum erfindest du solche Sachen und machst damit die Familie kaputt? Erst spannst du mir meinen Mann aus und betörst ihn mit dem, was ich nicht mehr habe. Dann treibst du deinen Bruder aus der Familie mit deiner Hurerei und jetzt nimmst du mir meinen Ehemann komplett! Was willst du denn noch?»

Ihre Stimme war wie eine Kettensäge in meinen Eingeweiden. Es tat so weh. Ich spürte, dass sie in diesem Moment etwas in mir kaputt machte, das man nie wieder reparieren würde können. Ich war so geschockt in diesem Moment, von alldem, dass ich nicht mal antworten konnte. Um mich herum drehte sich alles und ich dachte in diesem Moment wirklich: Was war denn schon dabei? Ich hatte Sex mit Papa und das jahrelang. Ich hatte plötzlich den Gedanken, dass ich ihn nur angezeigt habe, weil ich eifersüchtig war, weil er mich nicht mehr so liebte wie vorher.

Mir fiel ein, wie er mein Poloch massierte, bevor er in mich eindrang und mich gleichzeitig sehr zärtlich küsste. Mir fiel plötzlich wieder der Geschmack seines Penis' ein und auch sein Geruch. Ja, irgendwie war ich wohl eifersüchtig, fühlte mich zurückgesetzt und ich wollte, dass mein Papa dafür einen Denkzettel bekommt, aber wollte ich, dass er ins Gefängnis muss?

Ich wusste es nicht. Das war der Tag, an dem ich zur Polizei gegangen bin, um meine Aussage zu widerrufen. Damit begann ein wildes Auf und Ab in den Mühlen der Bürokratie.

Sie behaupteten, dass ich gelogen habe. Aber warum hatte Papa dann im Anschluss – als ich meine Widerrufung wieder rückgängig gemacht habe – gestanden und mir die Aussage vor Gericht erspart? So war wenigstens klar, dass ich nicht fantasiert hatte. Warum hatte ich überhaupt so lange gewartet, bis ich Anzeige erstattet habe ... Das mit der Eifersucht habe ich bei der Polizei aber nicht erwähnt. Das wär wohl komisch rübergekommen.

Damals hatte ich keinen Vergleich für die Situation, aber heute würde ich sagen, es war alles ein ganz, ganz schlechter Trip mit viel zu viel Alkohol, gemischt mit einer Lebensmittelvergiftung. So hatte sich das alles angefühlt.

Heute danke ich meinem Vater für sein Geständnis, denn so musste ich nicht alles noch einmal zu Protokoll geben. Es war alles schon schlimm genug. Nicht nur in mir selbst herrschte das Chaos. Vor allem musste ich mir was einfallen lassen für die Schule und solche Dinge. Ich meine, von heute auf morgen war mein Papa nicht mehr da, ich war in einer Wohngruppe, und wenn man nachhakte und etwas rumstocherte, fand man schnell raus, dass mein Papa im Gefängnis war.

Diese Angst vor dem ganzen Gerede war mir anfangs gar nicht bewusst. Ich dachte ehrlich gesagt einfach nicht dran, aber als

ich dabei war, meinen Rucksack zu packen, erinnerte mich meine Mutter schön daran, denn sie schrie:

«Was glaubst du wird jetzt passieren?»

«Was?», fragte ich.

«Du weißt genau, was ich meine! Das Gerede der Leute, was werden die wohl sagen?»

«Ich muss meine Sachen packen, ich muss bald wieder zurück sein.»

«Wenn dein Vater ins Gefängnis muss, weil du Blödsinn erzählst, was glaubst du, was werden die Nachbarn sagen?»

«Ich mag nicht darüber reden. Ist noch Wäsche von mir im Trockner?»

«Und nicht nur die Nachbarn, was glaubst du, wird in deiner Schule los sein? Wie willst du ihnen erklären, dass du plötzlich woanders wohnst und dein Vater im Gefängnis sitzt? Willst du ihnen auch deine miesen Lügen auftischen?»

«Ich habe nicht gelogen und du weißt das auch!»

«Du kleines Miststück!»

Am Ende brüllten wir beide und weinten gleichzeitig. Aber sie hatte mich auch eiskalt erwischt. Ich hatte tatsächlich nicht darüber nachgedacht, wie das in meiner Schule ankommen würde. Noch war da auch nichts durchgesickert, aber die Verhaftung hatte ja auch erst gerade eben – also vor zwei Tagen – stattgefunden und die Polizei war dabei sehr diskret gewesen. Sie waren nicht mit einem Streifenwagen vorgefahren und hatten Papa auch nicht in Handschellen abgeführt.

Vielleicht war das auch ein Grund, warum ich die Aussage widerrief, und dafür hasste ich mich noch mehr. Erst hatte ich Papa angezeigt, nicht weil er Sex mit mir hatte, sondern weil ich dachte, er mag mich nicht mehr so wie früher, und dann zog ich meine Aussage zurück, weil ich mir Gedanken darüber machte,

wie die anderen mich anschauen würden, wenn die Geschichte die Runde machen würde ...

Ich war irgendwie ein sehr egozentrisches Wesen. Jetzt, aus der Rückschau betrachtet, sehe ich das Ganze natürlich ganz anders. Ich hatte ihn angezeigt, weil ich endlich alt und reif genug war, zu begreifen, was mein Vater mit mir gemacht hatte. Und die Anzeige zurückgezogen hatte ich, weil ich den Stress mit meiner Mutter nicht erwartet hatte und das Chaos, welches in der Schule entstehen würde ... nicht mal im Entferntesten hatte ich das geahnt.

Ich habe dann noch schnellstmöglich meine Sachen fertig zusammensucht und bin dann verschwunden. Ich habe Mama seitdem noch ein paar Mal gesehen, aber da war schon ein tiefer Riss in der Beziehung zwischen ihr und mir. Ich wusste nicht, wie sie das sah.

Sie glaubte aber tatsächlich, ich hätte Papa verführt und ihn ihr ausgespannt. Wobei ich nicht glauben kann, dass sie das wirklich dachte. Eher, dass das ihre Welt war, in der sie sich schön eingelebt und eingerichtet hat. Denn das klingt doch ziemlich dämlich, muss ich sagen, denn wer glaubt schon bitteschön, dass seine zwei, drei oder vier Jahre alte Tochter ihr den Mann ausspannt? Das ist doch absurd.

Da mein Vater kurz vor der Verhandlung sein Geständnis abgegeben hat, musste ich selber nie aufs Gericht. Ich musste also selber nicht noch mal aussagen. Ich war noch nicht einmal selber im Gerichtsgebäude, und besonders heftig ist auch, dass ich Papa, nachdem ich ihn «verraten» habe, kein einziges Mal mehr gesehen habe. Ich wäre gespannt gewesen, wie er auf mich zugegangen wäre, was er gesagt hätte und alles ... Aber irgendwie war ich auch froh.

Das Gericht hat ihn zu vier Jahren und neun Monaten verurteilt. Soweit ich mitbekommen habe, vor allem wegen seinem

mehrfach geäußerten Wunsch, mir eine kleine Schwester zu schenken. Das war wohl für das Gericht der ausschlaggebende Punkt, der darauf schließen ließ, dass er mich nicht liebte, sondern mich nur fickte, weil ich ein Kind war. Hätte er Zugriff auf andere kleine Mädchen gehabt, so hätte er auch mit denen geschlafen, meinten sie. All das zu lesen und mitzubekommen, tat mir sehr, sehr weh.

Ich wechselte also daraufhin die Schule und versuchte mich neu zu erfinden. Es gab ja keine Grenzen mehr, nichts, das mich hielt. Ich musste keinen Sex mehr mit Papa haben, musste nicht an meine Mama denken, ich musste lediglich um 22:30 Uhr im Wohnheim sein und meine Hausaufgaben machen und keine Drogen nehmen.

Und so in der Art tat ich das dann auch ...

Da war also auf der einen Seite mal diese neue Schule. Eigentlich war sie ganz in Ordnung. Die Klasse war ganz nett. Allerdings haben die natürlich dann auch Fragen gestellt, besonders als rauskam, dass ich in einer betreuten Wohngruppe bin. Die neue Schule war ein ganzes Stück entfernt von der alten, aber das war die Wohngruppe ja auch.

Ich wohnte jetzt in einer Nachbarstadt, rund 30 Kilometer von meinem alten Zuhause weg. Und in dieser Stadt war auch die neue Schule.

Der erste Tag war eigentlich noch ganz cool. Ich kam rein und dann hieß es vom Klassenlehrer lediglich:

«Guten Morgen! Das ist Nele, sie wird den Rest des Schuljahres mit uns verbringen. Ich möchte euch bitten, seid lieb zu ihr und helft ihr, besonders, wenn es um das Stoffliche in den einzelnen Fächern geht.»

Das fand ich super. Er klang sehr relaxed und so. Und die Klasse war auch cool. Ich setzte mich zwischen Hung-Thien, einen vietnamesischen Schüler mit einem sehr freundlichen Lächeln und Lara, einer sehr alternativ angehauchten Madame, die aussah, als wäre sie als Kind in einen Kessel mit Pot gefallen. Sie sah immer aus, als würde sie gleich einschlafen. Und so sprach sie auch.

«Hi.»

Sie sprach ganz gedehnt und sanft. Ich mochte das irgendwie. Irgendwie klang es lustig.

«Hi, ich bin Nele.»

«Lara. Ich freue mich, dich kennenzulernen.»

Das R rollte sie ganz leicht und dehnte es irre lange. Ich glaube, niemand sonst konnte es so aussprechen. Und weil sie so freundlich war, beschloss ich in dem Moment, dass es für mich ok war, sie als neue Freundin an meiner Seite zu haben.

«Willst du meine Freundin sein?»

«Klar. Klingt cool. Kommst nach der Schule mit mir mit, dann zeige ich dir, was wir hier sonst so machen.»

Es war echt unkompliziert mit ihr. Das mochte ich. Aber natürlich war das nicht immer so.

Als später rauskam, dass ich in einem Wohnheim wohnte, war es schon so, dass es Gerede gab. Besonders bei den Jungs. Einmal, wir gingen gerade in die Raucherrecke, als wir hörten, wie die Jungs über mich redeten:

«... und ich sag's euch, in dem Wohnheim leben doch nur Vergewaltigte! Die hat also wahrscheinlich schon mehr Sex gehabt als wir alle zusammen ...»

Lara reagierte darauf sehr heftig.

«Das hätte sie auch, wenn sie jemals Sex gehabt hätte! Ihr kleinen Wichser wisst doch gar nicht, was Sex überhaupt ist,

geschweige denn, was eine Vergewaltigung ist. Eure Pimmel sind doch so klein, da muss man ja gucken, welches Härchen tropft. Ihr Vollpfosten!»

Lara hat die echt auf das Übelste beschimpft und war auf einmal gar nicht mehr so relaxt wie vorher und so entspannt. Die war auf einmal richtig böse. Die Augen haben gefunkelt und ich glaube, die hätte es in dem Moment mit allen von ihnen aufgenommen. Das fand ich super.

Gefragt hat sie mich allerdings nie. Was ich auch wieder genial an ihr fand. Sie hat einen einfach so akzeptiert, wie man war. Die war voll weise und das schon als Schulkind. Ich mochte sie wirklich sehr.

Zu dieser Zeit hab ich oft darüber nachgedacht, mit jemandem zu sprechen. Ich wollte auch schon an meiner alten Schule alles meiner besten Freundin Samy erzählen. Aber ich dachte mir dann: Warum? Es würde sie nur belasten. Sie würde sich vielleicht Vorwürfe machen, sich fragen, warum sie all die Zeit nichts bemerkt hatte und solche Sachen.

Dabei gab es ja eigentlich nichts zu bemerken, weil ich ja nicht so wirklich unter der Geschichte litt. Ich kannte es halt nicht anders. Erst als mich Papa nicht mehr so verliebt angesehen hatte, wurde ich ... grimmig ... also es verletzte mich ...

Aber ich wollte sie einfach nicht mit der Geschichte belasten, das wäre mir nicht recht gewesen. Es klingt vielleicht bescheuert, heute denk ich mir das auch, aber damals war es so. Ist ja auch irgendwie mein Problem gewesen und nicht ihres. Außerdem wollte ich nicht, dass die Zeit, die ich mit Lara verbrachte, irgendwie vorbelastet wäre. Ich mochte die Zeit mir ihr sehr gerne. Wir haben immer viel blödes Zeug gemacht.

Einmal sind wir auf so einen Schuttberg geklettert. Die haben neue Häuser, ein paar Straßen von meinem Wohnhaus entfernt,

gebaut. Und dann haben wir uns ein langes Kabel um den Bauch gebunden und einer ist dann den Berg runtergesprungen. Das Kabel schnitt total ein und wir hatten oftmals blaue Flecken um die Taille, aber trotzdem fanden wir es toll.

Einmal haben wir auch versucht, uns die Brüste abzubinden, aber das tat ziemlich weh und weil die halt auch noch nicht so groß waren, war das gar nicht so einfach. Mit Schnur ging es gar nicht, aber als Lara dann mit einem Einmachgummi ankam, klappte es. Tat aber höllisch weh.

Aber zurück zu meinem Schweigen. Auch an der neuen Schule begannen bald Gerüchte zu kursieren, wie bereits vorhin erwähnt, aber was Genaues kam dabei nicht raus. Soweit ich weiß. Lara hat mich nie gefragt und ich habe ihr auch von mir aus nichts gesagt. Ich glaube, ich hätte auch bis heute nichts darüber erzählt oder gar ein Buch schreiben wollen, wenn nicht das dicke Ende noch kommen würde.

Neben der neuen Schule war da noch eine Sache, die viel unerträglicher war. Das Betreute Wohnen. Oh Gott, es war fürchterlich! Lauter ... Opfer! Und das nicht einmal böse gemeint. Obwohl, bei einigen war es vielleicht schon böse gemeint. Einige von denen waren echt gemein.

Ich kam da ja hin, mit nichts anderem als den Kleidern, die ich trug, und meinem Rucksack. Und wenn du da ankommst, dann kommst du ja erst mal in so eine Gruppe. Die wohnt dann da irgendwie zusammen. Es war zwar alles ganz nett eingerichtet, aber gefallen hat es mir trotzdem nicht. Alles so helles Holz ... dieses komische Plastikholz ... keine Ahnung wie das heißt ... IKEA eben. Und in jeder Ecke sitzt eine mit einer Kippe im Mundwinkel. Das ist vielleicht etwas übertrieben, aber irgendwie kam es mir so vor.

Und alle, die drinnen waren, waren auch voll fertig. Die haben unter dem Erlebten total gelitten und sich teils selbst noch Vorwürfe gemacht. Ich war auf dem Standpunkt, dass ich nicht mochte, was durch meinen Gang zur Polizei alles in Bewegung geraten war, aber dass ich grundsätzlich mit allem im Reinen stand.

Ich sollte wohl noch sehen, wie sehr ich mich dabei geirrt hatte.

Neue Freunde hab ich im Wohnheim auch nicht gefunden. Ich hatte in der Zeit Lara aus der Schule und das war es auch schon. Mehr Kontakt suchte ich nicht und wollte ich nicht, vor allem nicht mit Leuten, von denen ich wusste, dass die eine Scheiß-Vergangenheit hatten. Ungewissheit ist da ein Segen, dann geht man viel unbefangener mit den Leuten um.

Von Lara weiß ich bis heute weder den Nachnamen, noch wo sie wohnte. Wir trafen uns im Einkaufszentrum, beim Supermarkt, wo wir auf den Einkaufswagen abhingen und natürlich am Spielplatz, obwohl wir dafür eigentlich schon viel zu alt waren.

Da haben wir mal eine kleine Gruppe Jungs getroffen, die waren vielleicht zehn oder so. Viel älter sicher nicht. Wir waren um die 16. Die haben wir getriezt. Wir saßen auf dem Spielgerät, so einem Ding mit Rutsche und Kletterzeug. Die Jungs sind näher gekommen und Lara winkte sie zu uns herüber.

Etwas verwirrt kamen sie näher und sie beugte sich vor, sodass die Knirpse ihre Brüste im Ausschnitt besonders gut sehen konnten.

«Na, was geht?», fragte sie.

«Hi auch.»

Sie schob ihre Brüste mit den Oberarmen noch weiter in ihrem Ausschnitt nach vorne. Zwei der vier Jungs grinsten schon breit.

«Wollt ihr mit uns spielen?», lächelte sie kokett.

«Was denn?»

«Kommt hoch, dann zeigen wir es euch!»

Sie kletterten hoch, waren aber noch sehr, sehr vorsichtig. Während sie sich zu uns emporkämpften, flüsterte sie mir ins Ohr:

«Wetten, dass ich gleich mindestens einem von denen einen blase?»

Ich lachte. Mehr aus Verlegenheit, aber wir hatten uns schon ein Bier und ein kleines Fläschchen Sekt gegönnt und waren etwas angeheitert.

Gemeinsam spielten wir Flaschendrehen. Sagen wir, es war schon fast ein sexuelles Flaschendrehen. Die Jungs begriffen das auch recht schnell. Küsse auf den Popo, Küsse auf den Bauch, dann das Zeigen unserer Brüste und schließlich die Aufforderung, die am weitesten ging:

«Du musst deine Hose aufmachen und uns alles zeigen.»

Der Kleine sprach mit zittriger Stimme. Die Flasche zeigte auf Lara, die mir zuzwinkerte, aufstand und die Hose runterzog. Ihre geblümte Unterhose zog sie auf die Seite und präsentierte ihre buschige Muschi.

Die Hosen der Jungs wären fast explodiert. Wir hatten schon rausgefunden, dass die vielleicht sogar mehr als wir wussten, aber eben nur aus dem Internet und vom Hörensagen. Praxis – das war ihnen völlig fremd.

Lara zog sich wieder an und setzte sich. Sie drehte die Flasche. Diese zeigte auf einen Jungen.

«Ich will deinen Pimmel sehen und küssen.»

Der Junge genierte sich, aber er war wohl zu sehr aufgegeilt von dem, was er gerade sehen durfte, und deshalb gehorchte er brav. Lara zwinkerte mir wieder zu und rutschte näher an den

Wie gesagt: Ich mochte Lara sehr. Ich brauchte einfach jemanden in meinem Leben, der für jeden Scheiß zu haben war, und der selbst noch viel weiter gehen würde als ich selber. So dachte ich damals.

Die Zeit mit Lara war wirklich in Ordnung und ich erinnere mich noch heute gerne an solche Aktionen zurück. Aber ich finde, es war die richtige Entscheidung, dass ich ihr niemals etwas von meiner Vergangenheit erzählt habe.

Dem einzigen, dem ich nach der Polizei davon berichtet habe, machte mich dann zur wertlosen Sklavin und ließ mich durch die Hölle gehen.

Und die nächsten, die davon erfahren, sind die Leser dieses, meines Buches, mit der Kernaussage: Es mag beschissen sein, euer Leben, aber es geht immer noch eine Runde beschissener!

KAPITEL 6

Eine neue Bekanntschaft.

Sein Name war Nils. Er war etwas älter als ich, und als ich in die neue Schule gekommen bin, hatte er wohl gerade die letzte Klasse beendet. Jedenfalls vermutete ich das anfänglich. Er war jetzt gar nicht der supergut aussehende Typ, aber er hatte etwas. Zumindest für mich.

Ich sah ihn das erste Mal, als er an der Schule auftauchte. Er war so ein etwas seltsamer Typ. Er sah immer recht korrekt aus, trug Hemd und Sakko und hatte immer so einen Koffer dabei. Die Schule besuchte er nicht mehr, aber trieb sich immer noch gerne hier herum und die Leute mochten ihn anscheinend.

Er sprach mich mal an, als ich mit Lara im Raucherbereich abhing.

«Hey, wer bist denn du?»

«Nele.»

«Cooler Name. Nils. Lara, warum hast du sie mir nie vorgestellt? Sie ist toll.»

Ich wurde rot.

«Nils macht Fotos und so was. Ist unser ... existenzialistischer Künstler hier im Viertel.»

Er verneigte sich mit einem Lächeln. Und ich merkte sofort, wie gern ich sein Lachen hatte.

«Du siehst wirklich beeindruckend aus. Du wirkst sehr zerbrechlich, und vielleicht, ja ich glaube, da ist schon der eine oder andere Sprung, aber das macht dich nur noch attraktiver. Und doch, hinter der Zerbrechlichkeit sehe ich eine Stärke, eine ... unzerstörbare Seele. Wow!»

Ja. Wow. In der Tat. Eigentlich hätte ich es besser wissen sollen, aber er machte auch auf mich mächtig Eindruck. Welches Mädchen fühlt sich nicht geschmeichelt, wenn ein älterer Junge, der einen erfahrenen, erwachsenen Eindruck macht, sagt, sie sei schön. Vor allem, wenn es nicht nur um die Titten oder so was geht.

Er drückte mir eine Visitenkarte in die Hand, auf der tatsächlich «Fotograf» stand. Das beeindruckte gleich noch mehr. Doch was ich wirklich von dieser Situation halten sollte, war mir nicht so klar.

Lara kannte Niels also schon. Das hieß aber nicht viel. Denn Lara war ja manchmal selber ziemlich verrückt und kannte dadurch auch viele verrückte Leute. Das war also keine Absicherung.

Einmal nahm sie mich mit auf die Toilette. Wie Mädchen das halt so machen. Aber dieses Mal wollte sie, dass ich mit zu ihr in die Kabine komme. Das hab ich dann auch gemacht. Und als ich bei ihr war, ließ sie ihre Hose runter und hockte sich auf die Toilette.

«Was machst du da?», fragte ich leicht verwirrt.

«Ich find's cool, wenn mir jemand beim Pinkeln zusieht. Stört dich das?»

«Äh ... nö.»

«Gut.»

Und dann pinkelte sie los.

Auch wenn wir nachmittags abhingen, dann kreisten ihre Geschichten und Gedanken eigentlich immer um Sex. Und es war meistens auch megapervers. Aber ich mochte das. Es ließ mein Leben in solchen Momenten weniger seltsam erscheinen. Sie hatte immer so seltsame Ideen.

«Ich würde gerne in ein Stück Beton eingegossen werden, sodass nur noch Mund, Arsch und Muschi rausgucken», sagte Lara einmal.

«Und dann?»

«Dann müsste niemand ein schlechtes Gewissen haben, wenn er mich fickt. Er sieht ja nur ein Stück Beton. Ich würde auch nichts sehen. Aber trinken, essen, pinkeln und kacken, und jederzeit kann jemand kommen und mich ficken.»

«Du bist krank.»

«Ja! Das stimmt wohl. Aber so ist es gut. Die Welt ist einfach so wie sie ist. Warum sollte man versuchen sie zu ändern oder noch schlimmer: sich selbst zu ändern. Nimm Nils zum Beispiel. Der will Fotograf werden. Aber eben kein Modefotograf, sondern Kunst.»

«Kunst?»

«Na ja, Porno halt. Er bekam richtig Ärger, als er letztes Jahr auf dem Schulhof die Mädchen fragte, ob sie sich von ihm fotografieren lassen würden.»

«Echt jetzt?»

«Ja, ... mich hat er auch fotografiert.»

«Du verscheißerst mich!»

«Nein! Komm, hier: Schau!»

Dann zeigte sie mir ein Bild von sich. Sie war splitterfasernackt. Ihre blanke Muschi glänzte vor Babyöl und keck lächelnd streckte sie sie dem Betrachter entgegen, während ein goldener Strahl Richtung Kamera schoss.

«So hat er dich fotografiert?»
«Ja. Ist doch voll schön, oder?»
«Es sieht schon ...toll aus ... irgendwie.»

Ich hatte ja vom Fotografieren keine Ahnung, aber das Bild war schon auf seine eigene Art und Weise irgendwie beeindruckend. Ein paar Tage später zeigte sie es mir in groß auf ihrem iPad. Da sah man erst richtig, dass sie das draußen im Freien aufgenommen hatten. Im Hintergrund konnte man unscharf Leute und Autos erkennen.

«Wo habt ihr das Foto gemacht?»
«Auf einer Autobahnraststätte.»
«Und da waren Leute?»
«Ja.»
«Krass.» Mehr fiel mir dazu nicht ein.
«Ja.»

Sie lächelte selig.

«Und wegen solcher Bilder hat Nils an der Schule Ärger bekommen?!»

«Ja. Kennst du Diana? Die dämliche Fotze hat sich ja auch von ihm fotografieren lassen. Allerdings hat sie sich dann von ihrem Vater erwischen lassen, als sie sich zu ihren eigenen Bildern selbst befriedigt hat. Und der tickt natürlich voll aus und wollte wissen, woher die Bilder stammen, wer sie gemacht hat und so weiter.»

Sie erzählte mir, wie das so seine Kreise sog. Zum einen waren ja weder Lara noch Diana volljährig zu diesem Zeitpunkt, zum anderen kursierte also Pornomaterial von Mitschülerinnen an der Schule. Nils bekam also mächtig Ärger. Der Kinderporno-Vorwurf wurde jedoch fallen gelassen, weil man einsah, dass er ja kaum älter war als die Mädchen und er die Bilder nicht – wie ursprünglich angenommen – verteilt

oder verkauft hatte. Aber die Schule war natürlich wenig begeistert.

Eigentlich hätte mich das alles schon ordentlich abschrecken können oder vielleicht auch sollen. Aber das tat es nicht. Er war schon irgendwie faszinierend. Er hatte eben dieses Erfahrene und Weltgewandte an sich. Das gefiel mir. Er machte auf mich den Eindruck, als hätte er die Sachen in der Hand, als wüsste er genau, was er will und wie er es bekommt. Das beeindruckte mich schon ein wenig.

Okay ... es beeindruckte mich sehr. Als er nach dem ersten Treffen in der Raucherecke verschwunden war, wollte ich Lara am liebsten alles über ihn fragen. Aber ich wollte auch nicht, dass es zu offensichtlich ist.

«Und wie ist er sonst so?»

Das war natürlich die dümmste und offensichtlichste Frage überhaupt. Ich glaube, ich wurde richtig rot. Lara lachte laut und brauchte einen Moment, ehe sie sich wieder beruhigt hatte.

«Du stehst also auf ihn?»

«Ach Quatsch ... er ist ... interessant.»

«Das ist er. Er hat eine lange Liste mit Einträgen und Verweisen an der Schule. Nils ist ein Querulant und ein liebenswertes Arschloch.»

Sie erzählte mir noch einiges von ihm, aber in der Rückschau muss ich gestehen, das waren alles Sachen, die man wohl so oder so über jeden weiß: Er ging hier auf die Schule, wohnt etwas außerhalb, ist unauffällig zu seinen Mitschülern, aufsässig gegenüber den Lehrern und mag seine Kamera.

Viel schlauer wurde ich daraus auch nicht. Ein richtiges Bild konnte ich mir daraus immer noch nicht zimmern. Na ja. Ich hatte ja wenigstens seine Karte.

«Willst du ihn anrufen?»

«Was?»

Ich fand die Idee total bescheuert! Ich meine, warum sollte ich einen Jungen anrufen? Das hatte ich noch nie in meinem ganzen Leben gemacht! Und ich war zu diesem Zeitpunkt immerhin schon 16.

Aber Lara ließ mich mit der Sache recht schnell in Ruhe und dachte sich wohl ihren Teil. Ernst wurde es, als sie ein paar Tage später nach meinem Handy fragte.

«Kann ich mal dein Handy haben? Ich hab meins vergessen.»

«Klar.»

Nach einigen Minuten ...

«Was machst du da?»

«Ich hab Nils eine SMS geschrieben. Ich hab geschrieben, dass du dich gerne mit ihm treffen würdest.»

«Du hast was???» Ich konnte es nicht glauben.

«Glaub mir, du wirst mir dankbar sein. Du brauchst einen Freund.»

Damals wusste sie noch nicht, wie daneben sie liegen sollte. Aber ich ja auch nicht. Insofern mache ich ihr da auch keine Vorwürfe. Es war das, was Freundinnen halt so tun. Sei es nun als Spaß, um jemanden zu ärgern, oder weil sie es einfach nur gut gemeint hat.

Wenige Minuten später kam dann auch tatsächlich eine SMS. Ich schnappte mir mein Handy und sah nach. Erst las ich aber, was Lara eigentlich geschrieben hatte.

«Hi Nils, ich bins, Nele. Von der Raucherecke. Lara hat uns vorgestellt. Würde dich gerne treffen. *schüchtern lächel*»

Und darunter als Antwort stand: «Hi Nele, natürlich erinnere ich mich! Heute Abend, 19:00 Uhr, ich kenne ein tolles Restaurant. Treffen wir uns an der Schule?»

Lara hatte mir über die Schulter geblickt und grinste mich an, als hätte sie sich einen Orden verdient.

Der Abend im Restaurant war wirklich angenehm. Nils hatte eine tolle, unaufgeregte Art. Er war nur wenig älter, aber er wirkte viel reifer und das ... das machte mich schon irgendwie an.

«Das Fotografieren ist für mich die Kunst des Augenblicks, nicht nur weil sie eben einen Augenblick festhält, sondern weil aktuell die Welt total geil auf Bilder ist. Wir sind derzeit im visuellen Zeitalter. Und damit man unter all den Knipsern mit ihren Digitalkameras wahrgenommen wird, muss man eben besondere Motive wählen.»

«So wie die pinkelnde Lara?»

«Genau.» Er schien gar nicht überrascht zu sein. «Das ist ein grandioses Bild, findest du nicht? Entschuldige, das klingt sehr von sich eingenommen. Aber es ist in der Tat mein Lieblingsbild. Laras Gesichtsausdruck macht aus dem provokanten Erotikbild etwas ganz Besonderes.»

«Kinderpornografie.»

«Das ist unfair! Klar ist sie keine 18, aber woher soll ich denn Models bekommen, die alt genug sind? Und ich habe ihr nicht gesagt, dass sie pinkeln soll. Das war ihre eigene Idee.»

«Ja, sie steht auf so was.»

«Siehst du. Wenn ich Mädchen oder Jungs fotografiere, frage ich immer, was und wie sie es darstellen wollen. Lara sagte gleich zu Beginn: «Ich piss auf alles!» Und so entstand dieses Bild. Die Bilder, die ich von Paul gemacht habe, sind wieder ganz anders. Und Dianas Bilder ... die waren vielleicht etwas heftig, aber auch die sind ganz toll geworden.»

Am Ende des Essens fragte er mich, ob er mir die anderen Bilder zeigen sollte. Ich lachte.

«Damit ich von jedem an der Schule weiß, auf was er steht und wie er und sie untenrum aussieht?»

«Es sind nicht alle nackt. Ich habe auch ganz tolle Aufnahmen von Xenia und Leon. Die habe ich gemeinsam fotografiert.»

Letzten Endes war es ein wirklich angenehmer Abend gewesen. Ich war leicht angetrunken nach zwei Gläsern Wein und das ganze Gerede von Sex hatte mich in der Tat etwas angemacht. Also ging ich mit ihm mit. Ich war ja bisher nur mit einem Jungen zusammen gewesen – also mit Leon –, aber das zählte ja irgendwie nicht.

Aber am Morgen danach war ich wirklich ziemlich verunsichert, denn der Abend endete anders als erwartet. Und ich dachte mir noch, wenn Dates immer so, oder so ähnlich, enden, was hatte ich wohl schon alles an skurrilen Situationen verpasst?

Wir gingen also zu ihm nach Hause. Er wohnte in einer Einliegerwohnung bei seiner Mutter. Die hatte sogar einen eigenen Eingang und da er ja auch erwachsen war, hatte er auch irgendwie sein eigenes Leben. Könnte man sagen. Wir gingen also in seine Wohnung. Die bestand auch nicht aus viel, wenn man das Fotozeugs mal nicht beachtet. Eine Couch, die man zum Bett umklappen konnte, ein Schreibtisch, und ein kleines Board mit einem großen, also wirklich großen Flatscreen.

Wir hockten uns auf die Couch und er zeigte mir die Bilder am Fernseher. Moderne Diashow sozusagen. Und die Bilder hatten schon was. Irgendwie war es mir zwar auch peinlich, weil ich nun tatsächlich von elf Mitschülern die privateren Körperteile kannte, aber irgendwie war es auch lustig und auch irgendwie sogar erregend.

Irgendwann fragte mich Nils, ob ich was dagegen hätte, wenn er sich selbst befriedigt. Ich weiß nicht, ob es der Alkohol

war oder die gesamte Situation, aber ich sagte ihm, dass es mich nicht stören würde. Also befriedigte er sich neben mir selbst, spritzte in ein Taschentuch, verschwand kurz einen Moment, um sich zu waschen, und kam völlig entspannt wieder zu mir.

Etwas später bin ich dann zurück ins Wohnheim.

Die nächsten Treffen verliefen ähnlich. Wir quatschten, dann holte er sich einen runter. Später sagte er mir, dass das die Alternative zum Über-mich-Herfallen war. Aber er wollte eben doch zumindest einen Rest Gentleman bewahren mir gegenüber. Außerdem war er sich nicht sicher, ob ich mit ihm zu diesem Zeitpunkt schon geschlafen hätte.

«Und du glaubst wirklich, neben einem Mädchen zu wichsen wäre besser und würde deine Chancen erhöhen, nächstes Mal rangelassen zu werden?»

Er grinste mich nur an.

Alles in allem muss man sagen, dass die Chemie einfach stimmte. Er war sehr nett, nie durch irgendwas schockiert und immer total entspannt. Wir redeten viel über die Zukunft und dass er hoffte, mit seinen Bildern etwas Geld zu verdienen. Derzeit ginge das nicht, weil es sich ja de facto um Kinderpornografie handelte oder um so etwas Ähnliches.

Er sprach von seiner Angst vor der Zukunft, auch davon, dass er normalen Sex so langweilig fände.

Und dass er das wirklich ernst gemeint hat, wurde mir bei dem Treffen klar, als wir unser erstes Mal haben sollten. Denn das war auch eine sehr seltsame Situation.

Wir gingen nun schon ein paar Wochen miteinander aus. Und wir mochten uns. Ich mochte ihn. Er war eben sehr seltsam. Ich

hatte mich sogar dran gewöhnt, dass er sich neben mir einen runterholte. Bedrängt hatte er mich bis dahin auch kein einziges Mal.

Wir saßen wieder bei ihm zu Hause, sahen irgendeinen Film. Wir sahen meist gar nicht hin, aber der Fernseher tauchte das Zimmer in dieses bläuliche Licht. Es war irgendwie mystisch.

«Willst du dir wieder einen runterholen?»

«Warum fragst du? Lust hätte ich schon, aber nicht so sehr.»

«Ich könnte dir vielleicht einen runterholen.»

An dem Abend hatte ich einfach Lust, mal wieder «da unten» was zu spüren, und Nils war echt ein netter Kerl.

«Nein. Runterholen macht nur Spaß, wenn man es sich selbst macht.»

«Oh.»

Ich dachte, damit wäre die Geschichte gelaufen. Aber da sollte ich mich geirrt haben.

«Weißt du, normaler Sex ist ... langweilig. Das einzige, was da nicht sooo abturnt, ist, wenn man es sich selbst macht, weil man sich halt auch am besten kennt.»

«Okay. Was willst du mir damit sagen?»

Worauf wollte er nur hinaus?

«Na ja ... ich will damit sagen, dass ich auf das langweilige Rein-Raus-Spiel eben nicht so stehe.»

«Auf was stehst du dann?»

«Ich befürchte, wenn ich es dir sage, waren wir die längste Zeit Freunde.»

«Warum? Hältst du so wenig von mir?»

«Nein, es ist nur ... ich mag ... also ich stehe ...» Er stottert herum. «Fuck! Es ist so, dass ich auf Sklavinnen stehe.»

Er wand sich unendlich, bis dieser eine Satz endlich ausgesprochen war. Ich wusste in diesem Moment ehrlich gesagt gar

nicht, was ich sagen sollte. Nicht, weil ich schockiert gewesen wäre, aber was sagt man schon nach so einer Beichte?

«Wenn du jetzt gehen willst, dann kannst du gerne gehen», sagte Nils.

Er klang beinahe beleidigt und das stand ihm gar nicht.

«Wenn ich jetzt gehen würde, dann nur wegen dem Tonfall des letzten Satzes», entgegnete ich.

«Was?»

Er schien nicht verstanden zu haben, was ich meinte.

«Sklavinnen also? Du meinst so SM-Zeug und nicht die Schwarzen, die sie nach Amerika verschleppt haben, oder?»

«Ja, natürlich! Stehst du da auch drauf?»

«Kann ich nicht sagen.»

Das kurze Aufflackern in seinen Augen war so süß, und so traurig war das Erlöschen der Flamme im nächsten Moment.

«Ich meine, ich hab's noch nie gemacht. Sex hatte ich schon viel, aber halt den normalen.»

Ich hätte in diesem Moment beinahe angefangen zu lachen, denn hätte ich jemandem erzählt, dass ich Sex mit dem eigenen Vater als «normal» bezeichne, dann hätte er ... na ja ... mich wahrscheinlich gleich mitgenommen und in eine Zwangsjacke verfrachtet.

«Du magst es also, deiner Freundin wehzutun?»

«Jein ... Also schon auch, ja, aber das ist nicht das Beste.»

Er redete sich in Rage und schüttete mir sein Herz aus. Er war wohl froh, dass er endlich jemanden gefunden hatte, mit dem er über das alles reden konnte.

«Also, es ist so: Ganz generell und vereinfacht gesagt, gibt es vier Bereiche im SM, oder im BDSM: Dominant, Sadistisch, Devot und Masochistisch. Die ersten beiden sind die Seiten des Herren und Meisters; die anderen beiden sind die Seiten der Sklavinnen.

Jemand, der dominant ist, muss nicht zwangsläufig jemanden verhauen oder quälen wollen. Er zieht vielmehr seine Lust aus der Erniedrigung der Sklavin. Der Sadist ist schon eher auf das Schmerzen zufügen aus. Und umgekehrt ...»

«Aha.»

«Ja. Und ich würde mich eher als dominant mit einem Touch Sadismus beschreiben.»

«Und was würdest du dann mit mir anstellen, wenn ich deine Sklavin sein würde?»

Eine lange Pause folgte. Dann blickte er mir immer wieder in die Augen, so als würde er abschätzen wollen, wie weit er nun gehen könnte. Dann stand er auf, ging an den Rollcontainer bei seinem Schreibtisch und nestelte dann an der abschließbaren Schublade rum. Als er wieder zu mir zurückkam, hatte sich sein Blick verändert. Er war plötzlich unglaublich kalt und ... beängstigend.

Er warf mir etwas in meinen Schoß.

«Zieh das an. Und vorher ziehst du dich aus!»

Seine Stimme war kalt und befehlend. Ich sah mir an, was er mir da gegeben hatte. Es waren Hand- und Fußfesseln und ein Halsband aus Leder. Ich wusste nicht, wie ich reagieren sollte, aber irgendwie ... also es war schon so, dass ich etwas neugierig war. Ich dachte mir in diesem Moment einfach: Scheiß drauf, was soll's!

Ich zog mich also aus und legte mir die Fesseln an. Währenddessen saß er auf der Couch und beobachtete mich. Am Ende stand ich nackt vor ihm mit nichts an außer den Fesseln.

«Hände über den Kopf!»

Ich gehorchte ihm. Er packte mich und hakte die Handfesseln am Halsband ein.

«Beine spreizen!»

Wieder gehorchte ich. Er nahm eine Metallstange und hakte sie zwischen den Fußfesseln ein, sodass ich meine Beine nicht mehr schließen konnte.

Lange betrachtete er mich so, ging um mich herum und ich sah die Beule in seiner Hose. Dann, nach unendlich langer Zeit, berührte er meinen Po, meine Schenkel, meine Brüste und strich sanft über meinen gesamten Körper.

«Sklavin.»

Erst flüsterte er das Wort nur, dann wurde er immer deutlicher. Herrischer. Als er spürte, dass ich feucht war, ging er auf die Knie, um den Geruch tief einzuatmen. Dann warf er sich auf die Couch und holte seinen Schwanz raus.

«Herkommen und blasen!»

Der nächste Befehl. Ich trippelte so gut ich konnte zu ihm, ließ mich auf die Knie fallen und gehorchte.

Es war eine lange Nacht. Er spielte seine Spielchen mit mir, befahl mir, mein Gesicht auf den Boden und den Hintern in die Höhe zu strecken. Ich sollte allerlei Dinge machen, die er von mir verlangte. Er steckte mir Stifte in den Hintern und als er bemerkte, dass ich an der Hintertür schon anderes gewohnt war, holte er aus seinem Badezimmer einen Deoroller oder so was, um es mir einzuführen. Egal, was er tat, ich musste mich immer bei ihm – meinem Herr und Meister – bedanken.

Wir spielten die ganze Nacht und es endete im Morgengrauen mit dem wirklich tollsten Fick, den ich jemals hatte ... und es war auch der erste richtige Fick mit jemand anderem außer Papa.

Ich hab die ganze Zeit über überlegt, warum ich diese Nacht so unendlich geil fand. Und ich hab auch meine eigenen Theorien dazu aufgestellt. Auf der einen Seite war es einfach so viel anders als mit Papa. Man kann es gar nicht wirklich vergleichen. Außerdem war Papa immer so lieb zu mir und ich realisierte,

dass es falsch war, was er mit mir getan hatte. Also war es vielleicht dieses Mal so gut, weil ich etwas tat, was okay war, und mit jemandem, der mich noch dazu sehr hart rannahm.

Und dann drang da auch noch ein weiterer Gedanke in meinen Kopf. Vielleicht denke ich, dass ich selbst schuld an dem bin, was mir als Kind passiert ist, und deshalb genieße ich es, wenn mich jemand erniedrigt und mir wehtut.

Im Endeffekt war es auch egal, aber Nils hat mir meinen Vater aus dem Körper gefickt. Ich kam und kam und kam noch einmal und er hörte nicht auf, bis ich noch einmal kam und noch einmal. Er nahm keine Rücksicht auf mich, sondern fickte sich seine Seele aus dem Leib. Am Ende tat es weh, aber ich konnte mich nicht wehren, ich war gefesselt, ich konnte meine Muschi und meine Klitoris nicht vor seinen Fingern und seinem Schwanz schützen, konnte meine Brüste nicht schützen, auch nicht, als er nach dem zweiten Orgasmus kurz verschwand und mit Wäscheklammern zurückkam, die er an den Brustwarzen befestigte. Es tat höllisch weh, aber es wirkte so unglaublich, als ich dann erneut von ihm gefickt wurde.

In den nächsten Wochen ging alles ziemlich schnell. Da ich mich im Wohnheim nicht an die Regeln hielt, die man halt dort einhalten musste, also besonders die Schließzeiten und so was, erwirkte ich von meiner Mutter, dass ich mit Nils zusammenziehen durfte. Das Gespräch mit ihr war hart, aber sie gab am Ende ihre Einwilligung. Und so durfte ich bei Nils offiziell wohnen. Vermutlich wollte sie nur nicht, dass ich wieder zu ihr zurückkomme.

Sie hatte mich wieder beschimpft und mir dieselben Vorwürfe gemacht, die ich schon aus ihrem Mund kannte. Ich hätte die Familie zerstört und alle ins Unglück gestürzt und so weiter.

Allerdings hörte ich aus dem Gespräch heraus, dass sie Papa im Gefängnis nicht besucht hatte. Vielleicht aus den richtigen Gründen.

Aber ihre Worte machten mir nicht mehr so viel aus. Ich war es ja nun in gewisser Weise gewohnt, beschimpft zu werden. Also zumindest, seit ich mit Nils richtig zusammen war. Seit ich seine Sklavin war.

KAPITEL 7

Nils.

Nils war der erste Mensch, dem ich von Papa erzählt habe. Es war komisch. Wir lagen, nachdem wir wieder einmal Sex hatten, nebeneinander. Es war wieder sehr harter Sex gewesen, nun gab es keinen Schmusesex mehr wie bei Papa. Aber ich mochte es. Inzwischen wusste ich ja auch, auf was er stand, zumindest dachte ich das in diesem Moment noch.

Wir kannten uns eigentlich noch gar nicht so lange. Damals waren es wahrscheinlich um die sechs Wochen oder so und da erinnerte ich mich plötzlich an das, was er bei unserer ersten Begegnung zu mir gesagt hatte. Nämlich, dass ich aussähe, als wäre ich beschädigt.

«Weißt du noch, als du das zu mir gesagt hast?»

«Klar, wie könnte ich das vergessen, ich sehe den Sprung in deiner Seele jeden Tag, wenn ich dich ansehe.»

Er blickte mich mit seinen tollen Augen an. Keine Begierde, keine Fragen, keine Emotion. Seine Augen waren plötzlich zu nichts als einem Spiegel geworden und ich sah mich darin. Und dann begann ich, mich zu beschreiben, so wie ich mich in seinen Augen sehen konnte.

«Ja, ich bin wohl beschädigt. Dabei weiß ich selbst nicht einmal, wo und wie weit. Bin ich total kaputt oder hab ich nur eine Delle, die man noch ausbeulen kann? Weißt du ...

mein Vater hat jahrelang mit mir geschlafen. Ich hab das noch niemandem erzählt, außer der Polizei. Dass ich meine Aussage dann noch einmal kurzzeitig widerrufen habe, ist eine andere Sache.

Aber er hat es getan. So lange ich zurückdenken kann. Er hat seinen Pimmel an meiner Muschi gerieben, hat seine Finger in meinen Arsch gesteckt und hat, als ich alt genug war, Sex mit mir gehabt. Scheiße ... Wir haben richtige Orgien gefeiert, wenn Mama nicht da war!

Ich habe keine Ahnung, ob ich dadurch kaputt gegangen bin. Ich weiß es ehrlich nicht. Denn irgendwie, auch wenn es seltsam klingen mag, es hat mich damals nicht wirklich belastet. Ich kannte es nicht anders und Papa war immer sehr lieb zu mir. Und doch werde ich das Gefühl nicht los, das genau hier das Problem liegt, dass ich genau deshalb noch kaputter bin, als ich es mir jemals vorstellen könnte, eben weil mein Papa Ungesetzliches mit mir getan hat und weil er mich geliebt hat.»

Nils sagte nichts, sondern sah mich weiterhin sehr leer, aber nicht unangenehm an. Er starrte nicht, er war einfach ein Spiegel für mich. Das war irgendwie schon sehr befreiend. Nach einer langen Pause nahm er mich in die Arme. Nicht feste, also nicht so «Komm her, Kleine, das wird schon wieder», nein, er nahm mich einfach in den Arm und wir schliefen ein.

Am nächsten Morgen sagte er nichts. Er gab mir das Gefühl, als sei alles wie immer. Das war eines der tollsten Geschenke, die er mir machen konnte. Denn ich hasse es, als Opfer, Wahnsinnige oder Bescheuerte angesehen zu werden.

Die erste Zeit in der neuen, gemeinsamen Wohnung war wirklich toll. Nils hat zunächst nicht gearbeitet. Nils kam aus gutem Hause, Geld war da nie das Problem. Das hat er natürlich auch

ausgenutzt. So kamen wir auch sehr bald in unsere erste gemeinsame Wohnung.

Später hat er dann mit einem Studium begonnen.

Ich hab mich um den Haushalt gekümmert. Ich ging einkaufen, hab das Essen gemacht und alles, was halt so dazugehörte. Ich war Hausfrau, wenn man es genau nimmt. Aber es hat mir nichts ausgemacht.

Damals fand ich es toll, wir hatten einfach ganz viel Zeit miteinander, und das war einfach schön, weil wir so viel miteinander machen konnten. Wir spielten den ganzen Tag miteinander und kauften Kleinkram für die Wohnung. Ficken, essen, schlafen ... So sah für einige Wochen tatsächlich unser Leben aus.

Ich kann mich noch ganz genau an den ersten Abend in der neuen Wohnung erinnern. Wir hatten sie gerade erst eingerichtet, also eigentlich hat Nils das getan, da ich ja eigentlich sozusagen mittellos war, wir hatten was gegessen und bereiteten uns auf die erste Nacht im neuen Zuhause vor. Ich dachte, wir würden Sex haben, kuscheln und dann schlafen, denn der Tag war wirklich anstrengend gewesen. Wir hatten ein Zimmer noch einmal streichen müssen, haben Möbel geschleppt wie die Wahnsinnigen und unsere Kisten ... also eigentlich habe ich seine Kisten ausgeräumt.

Dabei fand ich einige Pornos von ihm, also so richtig altmodisch auf DVD. Es waren Pornos, in denen es ums Anpinkeln und natürlich auch um Sklavinnen und so BDSM-Zeugs ging.

Ich dachte mir nichts dabei, räumte sie einfach zu den anderen ins DVD-Regal. Er würde es dann schon sehen, dachte ich. Also damit würde er dann schon von allein merken, dass ich sie auch gesehen habe. Und es störte mich auch nicht. Immerhin war ich ja diejenige, die jahrelang Sex mit ihrem Vater gehabt hat. Was sind da schon ein paar Fantasien und Pornos?

Dann stand Nils auf einmal hinter mir.

«Zieh dich aus und mach die Augen zu!»

Sein Ton war sehr befehlend. Ich gehorchte und spürte, wie er mir eine Maske über den Kopf streifte. Sie fühlte sich komisch an. Nicht nach Stoff oder so. Später erfuhr ich dann, dass es Latex war. Aber es war auch keine wirklich eng anliegende Maske, sie war eher so wie ein großer Ball mit nur einer Mundöffnung, den man außerdem noch aufpumpen konnte.

Meiner Meinung nach sah man darin ziemlich bescheuert aus, aber er wollte es so.

«Ich will dich zu einem Objekt machen, zu einem Ding, das zu nichts anderem mehr da ist, als mir Lust zu bereiten, egal zu welchem Preis.»

Ich weiß nicht mehr, ob Nils das in diesem Moment oder später einmal gesagt hat, auf jeden Fall höre ich die Worte noch in meinem Kopf als wäre es gestern gewesen.

Jedenfalls hat er mir die Maske übergestreift und aufgepumpt. Ich hörte kaum noch was und der Druck auf meinen Kopf war recht hart. Er dirigierte mich durch den Raum, bis ich in der Position war, in der er mich haben wollte. In der er mich nehmen wollte. Dann spürte ich, wie die Handschellen um meine Beine und um meine Arme zuschnappten. Ich war also extrem nach vorne übergebeugt und dazu auch noch gefesselt.

Er blies noch etwas Luft in die Maske und der Druck wurde unangenehm. Dann setzte er noch ein Mundstück auf die einzig verbliebene Öffnung und ich spürte sofort, wie ich immer noch weniger Luft bekam. Und dadurch, dass ich so extrem nach vorne übergebeugt war, war es ohne schon schwer, richtig Luft zu holen.

«Atme ruhig, dann reicht es dir auch.»

Aber das war gar nicht so einfach. Ich bekam inzwischen kaum noch Luft.

Doch ehe ich darüber nachdenken konnte, leckte er meine Rosette und es fühlte sich gut und richtig an. Ich genoss seine Zunge an mir und auch in mir ... Und dann hat er mir seinen Schwanz in den Arsch gesteckt und mich gefickt. Er hat meinen Arsch gefickt, wie es Papa nie getan hat. Er hat mich so hart gefickt, dass es schon wehtat.

Aber der Schmerz war schön.

Es war solch ein Kontrast zu dem Sex, den ich mit Papa hatte. Es war so anders und es war auch so gut. Es war ja nicht meine anale Entjungferung, das war ich von Papa ja schon mehr als nur gewöhnt, aber so hart – und beinahe schon so erbarmungslos – gefickt zu werden, das war mir neu. Irgendwann begann er, mich mit seiner Hand nebenbei zu stimulieren. Das war dann noch erregender. Als er dann merkte, dass ich langsam zu meinem Orgasmus kam, hielt er plötzlich die verbliebene Atemöffnung zu.

Der Orgasmus war schier unglaublich. Ich wäre fast erstickt, aber so intensiv habe ich noch nie zuvor einen Orgasmus erlebt.

Nils war in den ersten Wochen immer wieder für Überraschungen gut, und die waren eigentlich am Anfang auch immer sehr aufregend. Einmal waren wir unterwegs. Ich glaube, wir waren zuvor in einem Filmmuseum gewesen und waren anschließend auf dem Weg nach Hause. Er sagte mir, ich solle alles bis auf mein kurzes Kleid ausziehen. Ich verschwand auf der Zugtoilette und gehorchte ihm.

Ich brachte die Sachen in der Hand zurück. Er nahm sie, stopfte sie in den Rucksack und sah mich an. Er sah mich so an, als hätte er einen geheimen (oder vielleicht eher gemeinen?) Plan. Aber den hatte er ja auch.

Er holte einen kleinen Vibrator raus.

«Befriedige dich.»

Der Zug war recht voll. Es war Sonntagabend. Erst dachte ich, wir wollten auf die Toilette, aber er hielt mich fest.

«Hier.»

Vor uns und neben uns saßen überall Leute. Doch ich hab es getan.

Doch schon bald hat die ganze Sache mit Nils andere Bahnen eingeschlagen. Anfangs war das ein recht schleichender Prozess. Also eigentlich ... ach Scheiße ... Ich weiß es nicht. Anfangs hat es einfach Spaß gemacht. Es war eine Art Emanzipation vom normalen Blümchensex, wenn man ihn als normal bezeichnen kann, der mir auch gefallen hat, deshalb hab ich auch vieles mitgemacht, was andere nicht mitgemacht hätten. Also Anfangs noch. Es wurde dann eben etwas seltsam, als er wollte, dass unsere Freunde, also besser gesagt seine Freunde, davon erfahren sollten, dass ich seine Sklavin war.

Ich glaube, damit hat es begonnen. Gruppendynamik. Ich war sein Spielzeug und man kennt das ja vom Kindergarten oder vom Spielplatz. Wenn ein Kind immer schreit, es hätte das tollste Spielzeug, es aber nie mitbringt, dann fangen die andern Kinder an, es anzuzweifeln.

Also musste er sein Spielzeug mitbringen. Und das geschah so:

An einem Donnerstagabend fuhren wir in die Stadt. Ins Industriegebiet. Zu einem SM-Studio, wie ich feststellen sollte. Da brachte er mich hin. Zeigte mir alles, die ganze Einrichtung. Die Chef-Dompteuse war auch da und sie sah mich an, als wollte sie mich auffressen.

«Wenn sie dich fragt, du bist 19», flüsterte mir Nils zu.

«Aber bin ich doch nicht.»

«Stell dich nicht so doof an.»

«Okay, ich bin 19.»

«So ist's gut.»

Nils war etwas nervös, aber er schaffte es, das recht gut zu überspielen. Er war charmant und höflich zu der etwas älteren und nicht wirklich hübschen Domina, aber sie sah mich immer noch so komisch an. Nach der Führung durch das Studio nickte er kurz, dann sprachen die beiden miteinander, während ich mir den Frauenarztstuhl ansah.

Einige Momente später fesselte mich Nils genau darauf und ließ mich allein. Ich dachte mir erst nichts dabei, aber einige Minuten später hörte ich laute Stimmen.

«Es ist mir scheißegal, ob du der Zahlende bist oder nicht, die Kleine ist noch ein Kind! Glaubst du, ich bin auf den Kopf gefallen?»

«Aber sie ist 19!»

«Quatsch! Mach es nicht noch schlimmer! Sonst verlange ich ihren Ausweis.»

Kurze Pause.

«Grundsätzlich interessiert es mich ja auch gar nicht. Oder anders gesagt: Jung ist gut, jünger ist besser, besonders wenn es sich um eine Sklavin handelt. Der Preis hängt hier maßgeblich vom Alter und damit auch dem Aussehen ab und natürlich von den Praktiken, die man mit ihr machen darf.»

«Was soll das heißen? Ist das ein Angebot?», fragte Nils hoffnungsvoll.

«Was hast du vor? Hier?»

«Ich wollte sie ein paar Freunden vorführen.»

«Ich mache dir einen Vorschlag. Ich rufe ein paar Kunden von mir an, die dürfen auch zusehen, vielleicht, wenn du magst, dürfen sie mehr, das hängt von dir ab. Für das Zusehen bekommst du das Studio für das Wochenende gratis. Wenn sie mit der Kleinen spielen dürfen, dann können wir uns über ein ... na ja, ein angemessenes Salär unterhalten.»

Als ich das hörte, war ich schon irgendwie geschockt. Ich wusste, dass er mich gerne vorführen wollte, aber ich hatte das Gefühl, als würde es ihm langsam entgleiten.

Sie sind sich wohl einig geworden, denn neben den vier Bekannten von Nils waren später auch drei Herren da, die wohl auch Nils nicht kannte. Eine Sache schockierte mich ganz besonders. Ich erkannte erst jetzt, wer eine der Bekannten von Nils war: Lara!

Das war heftig! Sie begrüßte mich nicht, sondern nur Nils und dessen Freunde und setzte sich dann auf eines der beiden bequemen Sofas, die im größten Raum des Studios aufgebaut worden waren.

«Einige von euch kennen ja schon meine Freundin Nele.»

Nils zog mich an meinem Halsband aus dem Schatten einer Ecke ins Licht, direkt zum Andreaskreuz. Der Knebel, den ich trug, ließ lange Speichelfäden auf meinem Weg von der Dunkelheit ins Licht zurück. Dort befestigte er meine Arme und Beine und auch das Halsband, sodass ich mich nicht mehr rühren konnte. Mehr hatte ich in diesem Moment schon nicht mehr an.

Das Halsband würgte mich und ich konnte die Leute sehen, wie sie mich ansahen und das gefiel mir nicht. Aber das war ja erst der Anfang.

«Nele ist eine Sklavin. Und weil sie meine Sklavin ist, möchte ich, dass jeder weiß, was für eine sie ist. Dass sie eine unterwürfige, schmerzgeile Sklavin ohne jegliche Limits ist, die alles für mich tut, sich eben auch vor Publikum und auch vom Publikum erniedrigen lässt und die es liebt, Schmerzen zugefügt zu bekommen. Ich werde sie also in eurem Beisein fertigmachen und wenn ihr Ideen habt, nur heraus damit.»

Ich riss die Augen auf. Hatte ich das richtig gehört? So war das nicht abgesprochen gewesen und ich hatte auch nie zugegeben und einfach nur gesagt, dass ich auf Schmerzen stehen würde!

Jetzt, wo ich durch das Schreiben wie in einen Strudel hinab zu den vergangenen Ereignissen gesogen werde, wird mir genauso übel wie damals. Nein. Mir wird sogar noch viel schlechter, denn ich weiß ja jetzt schon, wie die Geschichte weitergehen würde. Fuck! Warum habe ich mich damals darauf eingelassen? Aber zu dem Zeitpunkt damals war es schon viel, viel zu spät.

Es begann ... na ja klassisch. Wäscheklammern an meine Nippel und an die Schamlippen. Kein Ding. Dann leichtes Auspeitschen auf den Oberschenkeln. Eher das Beathe-Uhse-Szenario, und man merkte auch von den Seiten der unbekannten Gäste, dass das nicht das war, was sie sich erhofft hatten. Nils war etwas nervös und ich dachte damals, es wäre diese Situation, nämlich, dass er mich vor Publikum benutzte, die ihn verunsicherte. In Wirklichkeit, da bin ich mir nun sicher, wusste er nicht, wie weit er vor dem Publikum gehen durfte.

«Verträgt die Fotze auch Nadeln?»

Dieser Einwurf aus dem Publikum war es, der das Eis brach. Nils stand mit dem Rücken zum Publikum und sah mir tief in die Augen. Und ich hatte Angst. Ich bin mir sicher, dass er das gesehen hat. Und ignorierte es.

Wenig später hatte ich einige antiseptische Nadeln in meinen Brustwarzen stecken und es tat so richtig weh. Blut lief mir über den Körper und ich hatte versucht, Nils davon abzuhalten, durch den Knebel hindurch.

Aber meine Abwehrhaltung war wohl nicht gerade förderlich. Im Gegenteil. Meine Zuschauer fanden das gerade erst richtig cool.

Nils schnallte mich vom Andreaskreuz und ich merkte, wie ich zusammensackte. Er stützte mich schnell und schob mich auf den Frauenarztstuhl. Dort schnallte er mich wieder fest. Dann bekam ich eine Maske auf. Ich sah nichts mehr, hörte nichts mehr und bekam kaum Luft durch einen klitzekleinen Schlauch, der erneut an der Maske befestigt war.

Plötzlich spürte ich Schmerzen, die ich nicht beschreiben kann. Es waren solch extreme Schmerzen, die ich nie zuvor hatte. Eine Nadel wurde mir durch die Klitoris gesteckt. Dann schob man auch noch wenige Momente später etwas in meinen Hintern. Das tat erst mal gar nicht so weh. Bis zu dem Punkt, wo sie es aufdrückten. Es war wohl so was wie ein Spekulum.

Es folgten Schläge mit der flachen Hand oder mit einer Peitsche auf meinen Bauch und auf meine Muschi. Auf meine Muschi, in der immer noch eine Nadel steckte. Sie schlugen einfach auf die Nadel drauf. Es tat so weh.

Dann wurde ich gefickt. Lange gefickt. Ich wusste in dem Moment nicht, ob es nur Nils war oder auch jemand anderes. Es dauerte nur sehr, sehr lange. Nils zeigte mir später die Bilder. Wildfremde Männer fickten mich und auch ein guter Freund von Nils, den ich schon länger kannte. Alle fickten sie mich. Alle benutzten meinen Körper, als sei es selbstverständlich ...

Dann spritzten sie alle auf oder in mir ab. Abwischen durfte ich es nicht. Es sollte eintrocknen.

«Wir sollten ihr unsere Namen tätowieren oder einritzen, damit jeder sieht, mit wem sie schon alles gefickt hat. Die kleine Hure.»

Das sagte einer am Ende, als ich gerade die Nadeln entfernt bekam und keine Maske und auch keinen Knebel mehr trug.

Ich kauerte vollkommen wundgefickt und vor lauter Schmerzen und Demütigung zitternd vor den Menschen und sah, dass Lara immer noch da war. Das einzige Mädchen.

«Ich muss pissen, bin gleich wieder da», sagte einer der Männer.

«Das ist doch Quatsch, piss doch auf die Hure. Das desinfiziert die Stichkanäle», lachte ein anderer und damit war klar, was nun geschehen würde. Der Typ würde mich anpissen! Ein kurzes zustimmendes Nicken von Nils und der Mann, Typ Endfünfziger mit Bierbauch, baute sich vor mir auf, holte sein Ding raus und sah mich an.

«Ich glaube, du musst dir meine Pisse erst noch verdienen. Los, lutsch!»

Ich sah Nils an, weil ich mir nicht vorstellen konnte, dass er das auch wollte, aber ein Blick in seine Augen bewies mir das Gegenteil. Grob packte mich der Typ und schon hatte ich sein Ding im Mund. Da ich aber nicht in der Lage war, ihn zu lutschen, hielt er meinen Kopf fest zwischen seine Körpermitte gedrückt und pisste los.

Es war das Widerlichste, was ich mir vorstellen konnte. Mein Freund und meine beste oder wohl eher einzige Freundin sahen zu, wie ein wildfremder Mann mir gegen meinen Willen in den Mund pinkelte. Es schmeckte so widerlich und ich fühlte mich so schmutzig. Ich wollte im Erdboden versinken.

Ich hustete und prustete und weil er meinen Kopf festhielt und mit der freien Hand auch noch meine Nase zuhielt, musste ich schlucken. Es schmeckte furchtbar.

«Will noch einer pissen? Ich glaub, die Kleine kann noch einiges vertragen.»

Alle lachten. Auch Lara. Am Ende hatten zwei weitere Leute auf mir uriniert, zwei weitere hatten auf mir ejakuliert und

immer wieder wurde ich währenddessen zur Belustigung des Publikums geschlagen. Am Ende steckten sie mir einen Vibrator unten rein und ließen ihn laufen, bis ich irgendwann kam.

Ich wollte das nicht. Ich wollte keinen Orgasmus haben, aber die Vibrationen waren so stark, dass ich es nicht verhindern konnte. Es war ein so starker, ungewollter Orgasmus, dass er lediglich schmerzhaft und nicht erfüllend war. Es war der schlimmste Orgasmus meines Lebens. Ich hätte nie gedacht, dass so was Schönes – also eigentliche Schönes – auch so schlimm sein kann.

Ich konnte mich nicht wehren und so ließ Nils den Vibrator einfach drin, auch als der Orgasmus schon da war und so zuckte ich irgendwann wie wild in meinen Fesseln, weil ich fast wahnsinnig wurde. Er presste ihn zwischen meine Beine, sodass meine Klitoris massiert wurde und ließ einfach nicht locker. Es war so brutal. Es war unmenschlich.

Als er mich schließlich losband, sackte ich einfach zusammen. Noch immer zitterte ich. An die Zeit vom Orgasmus bis zur Dusche kann ich mich kaum erinnern. Schmerz überall, die gemeine Demütigung und das Gelächter der Leute, die sich bei Nils bedankten für die tolle Show, das hat sich eingebrannt.

«Die Kleine ist in Ordnung. Aus der kann echt was werden. Musst sie noch etwas erziehen. Aber das bekommst du hin. Wenn du Hilfe brauchst, kein Thema. Hier, meine Karte!»

«Für eine echte Sklavin fehlt ihr ein wenig die Dankbarkeit. Sie sollte sich höflich bedanken, wenn sich schon jemand herablässt, sie anzupissen.»

Lauter solche Sprüche. Und dann kam Lara zu mir. Stand vor mir, die Hände hinter dem Rücken und ein seltsam kühler Blick.

«Na?»

Ich konnte nicht antworten.

«Du bist schon ziemlich krank. Auf so was stehst du also?»

«Was?»

«Nils hat mir erzählt, dass ich unbedingt dabei sein sollte, weil du mir zeigen wolltest, wie cooler Sex geht und dass ich da nicht so prüde sein sollte. Weißt du was, ich finde das krank.»

Ich bekam kein Wort mehr raus. Nicht nur, weil ich fix und fertig war. Das verschlug mir die Sprache.

«Ich meine, ich finde normalen Sex jetzt nicht unbedingt perfekt, aber das hier ist doch krank, oder?»

Ich antwortete nicht. Als die verbliebenen Männer sahen, wie sie sich mit mir unterhielt, ging wieder das Getuschel los. Dann kam einer zu uns rüber. Der, der mir in den Mund gepisst hat.

«He du! Willst du dir ein Taschengeld verdienen?», fragte er Lara.

Er wedelte mit ein paar Geldscheinen vor ihrem Gesicht.

«Was soll ich denn machen?»

«Mach die Kleine so richtig fertig. Wir zahlen gut, wenn du ihr das Leben zur Hölle machst.»

«Was soll das denn heißen?»

«Na ja, wir haben noch einen guten Schwung Nadeln, die eigentlich in den Körper der Sklavin gehören. Steck sie ihr rein. Und wenn du ihr in den Mund pisst, legen wir noch einmal hundert obendrauf.»

Lara ... also ich bin sicher, dass sie nur so tat, als würde sie überlegen. Also, das dachte ich zumindest im ersten Moment. Sie nahm die Geldscheine, zählte sie und sah mich an.

«Wenn du auf so was stehst ...»

Nils und der Kerl hoben mich auf, so als wär ich einfach nur ein willenloses Stück Fleisch, mit dem sie machen konnten,

was sie wollten. Kraft, um mich zu wehren, hätte ich ohnehin nicht mehr gehabt. Sie hoben mich auf und fesselten mich erneut auf den Frauenarztstuhl. Die Nadeln lagen auf einem Tisch daneben.

Lara hatte keine Ahnung, was sie da tat, aber der Typ zeigte ihr, wo und wie man die Dinger in mich stecken musste. Immer und immer wieder. In meine Brüste, in meine Brustwarzen, in meine Schamlippen, in meinen Bauch und in meinen Po. Überall steckten Nadeln drin.

Es dauerte nicht lange und Lara hatte es kapiert und machte es nun von selbst ohne weitere Anweisungen.

Lara ließ sich alles zeigen. Wie man die Peitsche benutzt, die Paddel, wo es der Sklavin am meisten wehtut und wie man die Sklavin am besten und effektivsten leiden lässt.

Sie zeigten ihr, wie man den Vibrator benutzt, aber so, dass er keine Lust, sondern einen irrwitzigen Lustschmerz bereitet, der einen zwar zum Orgasmus bringt, der aber irgendwie eher der Hölle als dem Himmel gleicht.

Sie zeigten ihr, wie man Dinge in die Harnröhre einführt und wie man der Sklavin mit einem Mundspreizer im Gesicht etwas zu trinken geben konnte. Lara steckte Dinge in alle meine Körperöffnungen, sie spuckte mich an und irgendwann gingen sie dann alle nach Hause. Nur Nils nicht.

Ich konnte nicht anders, als ihn anzusehen. Ich weiß nicht, wie er sich dabei fühlte, aber ich fühlte mich einfach nur leer. Vollkommen leer. Leermissbraucht, leergefickt, leerbenutzt. In mir drinnen war nichts mehr, außer der Urin, die Spucke und das Sperma dieser fremden Männer. Und auf mir waren diese brennenden Schmerzen, die Lara mir unter dem Gejohle der Zuschauer noch abschließend zugefügt hatte.

Ich war ein ganz dünnes Häutchen zwischen dem Vakuum in mir drin und dem Leben da draußen. Wie ein Luftballon aus Porzellan.

«Na, meine süße Sklavin?»

Er sprach mit mir im Plauderton und setzte sich neben mich auf einen Stuhl. Mit seinem Schuh strich er über meinen geschundenen Körper.

«Heute Abend, das war schon echt cool. Für den Anfang. Aber beim nächsten Mal musst du schon mehr mitgehen. Die erwarten ja, dass du entweder Spaß daran hast oder eben das genaue Gegenteil. Also entweder musst du permanent so Sachen wie *Ja, gib's mir!* rufen oder eben deine Abwehr kundtun: *Oh Gott, Himmel, Nein!* Hast du das verstanden?»

Ich hatte in diesem Moment nichts verstanden. Nichts außer: Das hier würde nicht das einzige Mal gewesen sein. Die Geschichte sollte also weitergehen.

«Aber das kriegen wir schon hin. Ich hab da so ein paar Ideen. Aber erst mal will ich auch meinen Spaß haben. Also ...»

Nils schlug mich hart auf den Schenkel und riss mich an den Haaren hoch. Kurze Zeit später verging er sich an mir wie an einem Stück Fleisch und ich war in diesem Moment ja auch nicht mehr viel mehr.

Ich war müde, verletzt, wund, gedemütigt und irgendwie innerlich tot.

KAPITEL 8

Der Anfang vom Ende.

Dieser eine Abend veränderte alles in meinem Leben. Als wir auf dem Weg nach Hause waren, saß ich neben ihm im Auto. Ich sagte kein Wort. Er auch nicht. Erst dachte ich, vielleicht hat er es ja kapiert. Vielleicht hat er kapiert, dass er zu weit gegangen war, aber als wir wieder in der Wohnung waren, wusste ich, dass er rein gar nichts verstanden hatte.

«Ich glaube, das werden wir öfter machen! Erstens bringt es wirklich gutes Geld und zweitens macht es doch echt Spaß! Die Leute waren total cool und sehr nett, oder?»

«Find ich nicht.»

Er nahm mich in den Arm, suchte meine zerstochene Brustwarze, die noch immer extrem empfindlich war, wegen den ganzen Nadeln und allem, und drückte so fest zu, dass ich sofort zu Boden ging vor Schmerzen.

«Schatz, du bist meine Sklavin, du wirst gehorchen. So einfach ist das.»

So einfach war das für ihn.

Er riss mir die Klamotten vom Leib, stopfte mir eine seiner alten Socken in den Mund, fesselte mich und schubste mich ins Bad. Dort klickten die Handschellen um meine Beine und um die Heizung. Dann folgte wieder eine blickdichte Maske.

Ich spürte, dass er irgendetwas in meinen Unterleib presste. Es

tat weh. Ich wusste nicht, was es war. Dann ließ er mich liegen. Am Ende lag ich die ganze Nacht angekettet im Bad. In meinem Kopf drehte sich alles und mein Körper tat so weh, und noch mehr schmerzte die Seele. Irgendwann nachts, ich bin mir nicht mehr sicher, wann und ob es überhaupt passiert ist, urinierte er auf mich.

Am nächsten Morgen musste ich mir in seinem Beisein das entfernen, was er mir in den Arsch gesteckt hat. Nun wusste ich auch, dass es Tampons waren, die ich mir nun aus dem Hintern pulen musste. Die saugen sich ja mit Feuchtigkeit voll, also war der Hintern komplett ausgetrocknet und die Tampons taten ziemlich weh beim Entfernen.

Ich wusste in diesem Moment wirklich nicht, was ich machen sollte, aber es sollte noch ein paar Wochen dauern, bis ich eine Alternative fand und mich Nils Griff entwinden konnte.

Die nächste Zeit war komisch. Ich musste über viele Dinge nachdenken und ich musste lernen, was richtig und was falsch war. Nils war komisch. Ich fand es auch komisch, dass mich Nils anfangs nie oder nur kaum fotografiert hat, obwohl das ja eigentlich seine Leidenschaft war. Vielleicht war das alles aber auch nur eine Tarnung für seine abgedrehten Vorlieben. Er hat mich das erste Mal fotografiert, als er mich in der neuen Wohnung fickte. Es gibt ein Bild von mir, wo ich gefesselt an der Heizung stehe, diese Gummimaske auf und mein Poloch schimmert ganz rot. Das Bild gefiel mir, es hatte was Animalisches. Er ließ es vergrößern und befestigte es im Schlafzimmer über meiner Seites des Bettes.

Wenn er Fotos von mir machte, war es weniger ein Künstlerisches-Bilder-Machen. Es war mehr die Dokumentation dessen, was ich bereit war, für ihn zu erdulden.

Einmal vermietete er mich an eine kleine Gruppe von Sadisten. Die hatten mir die Schamlippen erst angeritzt und dann zusammengenäht. Es hat geblutet wie Sau und die Schmerzen waren unbegreiflich. Ich war kurz davor, ohnmächtig zu werden.

Als ich ihm davon berichtete, lächelte er nur, bat mich, mich auszuziehen und fotografierte eben genau meine Muschi. Wie wunderschön sie doch wäre. Und dass er sie am liebsten so lassen würde, damit sie zusammenwachsen könnte ...

Diese gemeinsame Zeit mit Nils war wirklich sehr eigenartig für mich. Genauso schlimm, wie ich es hin und wieder empfand, genauso aufregend war es auch, auf seine eigene kranke Art und Weise. Ich muss gestehen, dass ich es manchmal sogar total aufregend fand. Ich meine, da war dieser niedliche Junge, der einfach so lieb und zärtlich sein konnte, der so brav und schüchtern wirkte, der sich dann als perfider Sadist entpuppte und als mein Herr ... Das war schon allein sehr komisch für mich ...

Aber ich habe früher jahrelang nichts gesagt, als ich mit Papa Sex hatte, und irgendwie war es doch befreiend, wenn ich es nun tat und jetzt war es vielleicht so, dass ich es genoss, meine eigene Sexualität öffentlich zu leben, also zu zeigen, was ich tat und was mir gefiel. Aber war es eigentlich meine Sexualität, die ich gelebt habe, und hat es mir eigentlich gefallen?

Und mit all den Schmerzen und Demütigungen hatte ich das Gefühl, als würde ich dem realen Leben einfach etwas näher kommen, etwas Echtes fühlen ... Das war irgendwie einfach schön, aber auf eine sehr verquere Weise.

Ich glaube, zu diesem Zeitpunkt hat mich Nils nicht mehr geliebt. Vielleicht hat er das am Anfang einmal getan, da war das vielleicht noch für eine kurze Zeit so etwas wie eine Teenager-Liebe, aber als diese Sklavinnengeschichte begonnen hatte, war

das vorbei. Dann war ich nur noch ein Spielzeug und es ging für ihn wohl nur noch darum, so etwas wie mich zu besitzen und damit zu spielen, bis es kaputt geht, also nicht zwingend, aber er wollte schon ausprobieren, wie weit man mit mir gehen konnte ...

«Hat es dir gefallen?»

«Ja.»

«Was, ja?»

«Entschuldigung. Herr. Ja, es hat mir gefallen, Herr.»

«Schon besser! Heute Abend werden Gäste kommen. Du wirst uns bedienen. Jeder und jede, die zu Besuch kommen, ist unendlich viel höher gestellt als du, hast du das verstanden?»

«Ja, Herr.»

«Gut. Ich möchte sehen, dass du bereit bist, für uns zu leiden. Und ich möchte sie damit beeindrucken. Deshalb möchte ich, dass du dir selbst etwas ausdenkst, wie du sie beeindrucken und mich stolz machen kannst.»

Da stand ich nun und wusste nicht, was ich groß hätte machen sollen. Wie sollte ich die Gäste denn beeindrucken? Was wollten sie sehen? Wir hatten auch noch nicht so viel Spielzeug zu Hause und vor allem sehr wenig, was ich hätte allein benutzen können, als fiel das schon einmal flach ...

Ich entschied mich dann für etwas Simples, aber sehr Effektvolles, wie ich im Verlauf des Abends sehen sollte ... Effektvoll für die Gäste und für mich.

Ich machte mich den Nachmittag über schön, ich rasierte und enthaarte mich, und sah beinahe wieder aus wie damals, als Papa ... Na ja, das war ein anderes Leben. Dann wuselte ich wie aufgestachelt durch die Wohnung auf der Suche nach Ideen und Einfällen.

Am Ende entschied ich mich dafür, lediglich die Schuhe mit den höchsten Absätzen zu tragen und sonst nichts. So öffnete ich dann auch den Gästen die Türe. Danach, als sie alle da waren, habe ich auch noch von jedem einzeln die Jacken entgegengenommen und Nils hat mich als die heutige Sklavin vorgestellt, und er verkündete dem Publikum, dass ich selbst für die Unterhaltung sorgen werde.

Als die Gäste alle im Wohnzimmer Platz genommen hatten, musste ich nicht mehr viel vorbereiten, für das was ich geplant hatte. Ich ging zum Schrank und holte eine kleine Tüte, die gefüllt war mit Wäscheklammern. Dann stellte ich mich vor das Publikum hin, welches mich ganz lüstern und erwartungsvoll betrachtete, und platzierte die Wäscheklammern an meinen Brustwarzen, und auch einige daneben, außerdem packte ich auch noch einige Wäscheklammern an meine Schamlippen. Und diese hatte ich mit kleinen Glöckchen versehen. Außerdem waren sie auch noch alle mit einer Schnur miteinander verbunden.

Dann stellte ich eine kleine Schale mit Klammern auf den Tisch, der vor ihnen allen stand, und teilte den Gästen mit, sie könnten im Laufe des Abends Klammern auf mir verteilen. Wo auch immer sie wollten. Und am Ende würde ich mich dann vor ihnen am Tisch selbst befriedigen, während sie mir die Klammern von meiner Haut ziehen dürfen.

Und das habe ich dann durchgezogen.

Und ich würde lügen, wenn ich behaupten würde, dass mir das nicht gefallen hätte.

Bei diesen ersten Sessions war Nils noch immer an meiner Seite. Auch wenn das nicht viel geändert hat, denn ein Nein hab ich von seiner Seite ohnehin nie gehört. Doch trotzdem hat es die

ganze Sache noch verschlimmert, als ich bald auch alleine losgeschickt wurde.

Zwischen dieser ersten Episode in dem SM-Studio, wo auch Lara dabei gewesen war, bis zu dem Tag, wo er mich alleine verkaufte, ist gar nicht so viel Zeit vergangen. Die Besitzerin war wohl sehr angetan von dem, was ihre Stammkunden berichteten, also machte sie uns ... ach Blödsinn ... sie machte Nils ein Angebot.

«Sie kann hier arbeiten, wenn du magst.»

«Als Sklavin?»

«Genau. Ich meine, sie ist wirklich hübsch, und was meine Kunden so berichtet haben, kann man mit ihr wirklich viel machen. Pro Stunde bekommst du dann einfach einen festgelegten Stundensatz. Limits werden vorher besprochen.»

So oder so ähnlich muss das abgelaufen sein. So hatte es mir Nils jedenfalls erzählt. Er war total begeistert und wollte, dass ich am liebsten jeden Tag dort arbeite und auch sofort damit anfange. Doch da machte die Besitzerin des Ladens dem Besitzer von mir einen Strich durch die Rechnung. Ich müsse mich auch mal ausruhen und entspannen können.

Nils sorgte aber schon dafür, dass es nicht dazu kam, denn wenn ich nicht im Studio arbeitete, dachte er sich immer wieder neue perfide und perverse Spielchen für zu Hause aus.

Die Männer im Studio waren sehr unterschiedlich. Da gab es manche, die waren fast sanft und zärtlich, sie trauten sich nicht richtig und wirkten irgendwie beinahe schüchtern und verhalten. Aber es gab auch richtige Sadisten. Besonders hart waren solche Tage, an denen zwei oder mehrere Männer bei mir waren. Die wollten sich dann immer gegenseitig beweisen, wie krass sie doch drauf wären. Und dann schaukelte sich das Ganze immer

hoch. Nach so einer Session hatte ich dann eben auch die zuvor kurz erwähnte zugenähte Muschi.

Manchmal schlugen sie mich auch einfach nur. Mit den Händen, mit Paddeln oder mit verschiedenen Peitschen. Einmal war jemand da, der hatte so eine richtig lange Peitsche dabei. Die hat sich bei einem jeden Schlag so richtig tief ins Fleisch gegraben. Das waren solch höllische Schmerzen, dass ich beinahe das Bewusstsein verloren hab ...

Aber das war noch nicht alles. Ich hatte in dieser Zeit unzählige blaue Flecke und Striemen, so viele, dass ich sie schon lange nicht mehr zählte. Die Männer standen darauf, meine Brüste abzubinden. Und mehr als nur einmal haben sie mich dann daran aufgehängt und mich frei im Raum schweben lassen. Es tat so unglaublich weh. Und wenn dann noch ein besonders sadistischer Kunde mit der Peitsche auf die abgebundenen Brüste schlug, war ich kurz davor, in Ohnmacht zu fallen ...

Aber den Männern gefiel so was.

Auch das Setzen von Nadeln gefiel ihnen richtig gut. Egal wohin, aber meist natürlich in und durch die Brustwarzen und die Schamlippen. Und die Nadeln wurden mit der Zeit immer dicker und dicker. Anfangs waren es noch diese kleinen Kanülen, aber später sahen diese Dinger aus wie Stricknadeln!

Und dann gab es da noch dieses vollkommen kranke und gnadenlose Spiel. «Hexentest» wurde es von ihnen genannt. Männer liebten solche Spiele, bei denen die Sklavin auf jeden Fall verlor. Dieses Spiel hier, welches sie «Hexentest» nannten, erhielt seinen Namen aus der Vergangenheit. Früher wurde eine Frau, die der Hexerei beschuldigt wurde, mit einem Stein an den Füßen in einen See geworfen. Ging sie unter, war sie keine Hexe und alles war gut. Schwamm sie, war sie eine Hexe und man verbrannte sie.

Auf mich bezogen sah dieses Szenario natürlich etwas anders aus. Ich wurde also erstmals an den Brüsten aufgehängt und dann platzierte man mich über einem Pylon. Das sind diese roten Hütchen mit den weißen Streifen, die immer auf der Straße platziert werden, wenn zum Beispiel die Markierungen neu gestrichen werden oder ein bestimmter Bereich abgesperrt wird.

Man platzierte mich also über einem Pylon, sodass mein Hintern genau auf der Spitze saß. Dann kam eine Schlinge um meinen Hals. Dann ließ man mich auf den Pylon hinab und er bohrte sich in meinen Hintern und pfählte mich beinahe.

Allerdings konnte ich das selber verhindern, indem ich selbst den Flaschenzug betätigte, der mich an den Brüsten festhielt. So hatte ich also die Wahl zwischen einem riesen Pylon, der sich qualvoll in meinen Arsch pressen würde, oder aber voller Schmerzen an meinen Brüsten zu hängen und davon schier ohnmächtig zu werden.

Die Kunden liebten dieses Spiel. Sie spielten es immer wieder mit mir. Oft versuchte ich einfach nur, die Luft anzuhalten, aber das Publikum wusste schon, wie sie das Spiel nach ihren Vorlieben wenden konnten, dann nahm man einfach eine Mausefalle, die dann auf der abgebundenen Brustwarze zuschlug, und im selben Moment saß ich schon wieder auf dem Pylon oder besser gesagt, er bohrte sich in meinen Hinterleib.

Das Publikum wusste schon, wie sie ihre eigenen Spielregeln gestalten sollten. Eine Regel, die es für mich erträglicher machen würde, gab es nicht. Ich würde immer verlieren.

Da nahmen sie schon mal eine Maulsperre und steckten sie mir in den Mund, an dieser Maulsperre war ein Schlauch dran. Dann pinkelte ein Mann dort hinein und «zum Betätigen der Spülung» hat er mir dann einfach die Nase zugehalten. Ich hatte die Wahl. Ich konnte ersticken oder ich konnte schlucken ...

Oder da gab es dann auch noch so eine Art Kartenspiel, das sie sehr gerne mit mir gespielt haben. Die einzige Regel war: Ich muss eine Karte ziehen und eine jede Karte hatte sozusagen eine Bedeutung. Ich zog also zum Beispiel eine Pik 7 und das bedeutete dann «Schmerzen durch spitze Gegenstände, sieben Mal». Danach musste ich dann die nächste Karte ziehen. Zum Beispiel eine Karo 4, das bedeutete dann «4 Schläge mit einem flachen Gegenstand» und so weiter. Ich kann mich gar nicht mehr an alles erinnern, was sie sich da haben einfallen lassen.

Manchmal sollte ich auch den Männern einen blasen, aber das machten sie mir natürlich nicht allzu einfach. Wenn ich mich vorbeugte, musste ich mich dabei auf ein Nagelbrett stützen, sonst würde eine Schlinge, die sie um meinen Hals befestigt haben, immer enger werden und mich erwürgen. Wich ich zurück, würde sich eine Elektrode, die in meinem Hintern befestigt war, in Gang setzen und mir einen heftigen Elektroschock versetzen. Sie hatten alles bis ins kleinste Detail geplant und so konnten sie ihren abartigen Gelüsten freien Lauf lassen. Die meisten von ihnen kehrten vermutlich danach zurück nach Hause, zu ihren Frauen und Kindern und erzählten von den vielen Überstunden, die sie doch machen müssen.

Und die Studiobesitzerin, ich glaube, manche haben Mistress Lesya zu ihr gesagt, war mir auch keine große Hilfe. Denn die war ohnehin der Meinung, dass eine Sklavin ohne einen ordentlich ausgeleierten Arsch keine richtige Sklavin wäre, und so motivierte sie ihre Gäste nur umso mehr, immer wieder dieses Drecks-Pylonen-Spiel zu spielen, und bei den halb-öffentlichen Veranstaltungen, die es auch gab, im Gegensatz zu den privaten Sessions, war ich sowieso immer eine Attraktion mit dieser ... Darbietung.

Die meisten Männer saßen teilweise einen ganzen Abend um mich herum und sahen zu, wie der Pylon in mir versank und wie ich dann versuchte, mir Erleichterung zu verschaffen, und dafür meine Brüste folterte.

Gar nicht so viel Zeit verging, dann konnte man mich hinten fisten.

Was auch sehr gerne gemacht wurde.

Und dann kamen auch noch diese vollkommen abgedrehten und ekligen Dinge. Mit der Zeit haben sie mir dann immer öfter einen Katheter in die Blase geschoben. Einen Spülkatheter. Die Männer pinkelten dann in einen Becher, der dann dafür sorgte, dass der Urin in meine Blase lief. Ich hatte also den abscheulich ekligen Urin von fremden Männern bald in meiner Blase, denn ihre Pisse lief ohne Umwege von dem Becher über den Schlauch dort hinein. Und wenn die Blase dann randvoll war, dann war das ein richtig widerlicher Druck, und es tat enorm weh. Und wenn ich dann bettelte und bettelte, aber auch nur dann, öffneten sie den Auslauf. Der Urin konnte aber nun nicht wie er eigentlich sollte abrinnen. Denn vorher haben sie mir eine Magensonde gelegt und den Anfang der Magensonde mit dem Auslauf verbunden. Und so lief die ganze Pisse, die aus meiner Blase schoss, direkt in die Magensonde und wieder hinein in meinen Magen.

Sie nannten das ein «geschlossenes System», obwohl das gar kein geschlossenes System war. Ich bin vielleicht nicht die hellste, aber das habe ich schon noch verstanden. Die perversen Säcke standen halt drauf, die komplette Kontrolle über mich zu haben. Also auch über meine Körperfunktionen. Das kann man über einen Katheter sehr gut machen.

Von diesen Dingern gibt es eben auch diese Spülkatheter, die man im Krankenhaus zum Spülen der Blase verwendet (Stichwort

Harnsteine oder wie das heißt). Da leitet man in die eine Öffnung Flüssigkeit rein, und sie kommt aus dem anderen Schlauch wieder raus. So macht man sauber. Für solche Zwecke wäre das eigentlich gedacht.

Die holde Männlichkeit wollte mich ja aber nicht sauber, sondern schmutzig machen. Also deren Pipi rein und nicht mehr einfach so raus. Stöpsel drauf auf den Auslass. Das ist so ein super ekliges Gefühl. Stell dir vor, du hast so dieses Gefühl, dass du ganz dringend auf die Toilette gehen musst. Und du kannst bzw. du darfst einfach nicht. Wenn der Katheter richtig groß ist, kannst du tun und lassen, was du willst, du kannst nicht pinkeln, wenn er zu ist.

In Windeseile wird aus diesem Gefühl, dass man einfach nur unglaublich stark pinkeln muss, ein unglaublicher Schmerz im Bauchbereich. Und im Hinterkopf hast du außerdem: Das ist ja nicht einmal dein eigener Urin!

Jetzt wird dann der Auslass an deine Magensonde angeschlossen und unter großem Johlen sehen alle zu, wie der fremde und auch dein eigener Urin aus deiner Blase schießt und wieder direkt zurück in deinen Magen.

Es dauert nicht lange, dann ist das wieder durch und die Blase füllt sich von Neuem. Und wenn der nächste noch seinen Urin dazugibt, wird es immer enger, weil ja auch ein voller Magen auf die Blase drückt etc. ... Also, es kommt immer mehr Fremdurin dazu ... in deinen Körper ... und dreht sich sozusagen im Kreis ...

Im Klinikbereich, also dem Klinikbereich innerhalb der SM-Szene, war die Magensonde sowieso sehr beliebt. Die konnten alles damit in mich reinfüllen, ohne dass ich mich wehren konnte. Urin, Schnaps aber auch Medikamente ...

Einmal wurde mir ein Medikament zur Stuhlauflockerung eingeflößt. dann wurde ich gefesselt und in einer erzwungenen Hockstellung in der Luft baumelnd hängen gelassen. Meinen Hintern haben sie mit einem Plug verschlossen und mit einem Gürtel rund um meinen Körper befestigt, damit er sich nicht hätte lösen können. Nach einigen Stunden verkrampfte sich mein Magen vollkommen, es rumorte und krachte und drückte und krampfte und es tat einfach nur total weh. Dann stellte sich der Kunde genau unter mich und entfernte den Plug. Ich konnte mich keine Sekunde mehr beherrschen und der ganze Dünnschiss kam raus und regnete sozusagen auf den Kunden.

Der mochte das, der zahlte ja auch sogar dafür, aber mir selber war das sehr peinlich und auch wenn er es wollte, musste ich natürlich trotzdem nachher dafür bestraft werden. Ich hatte ja immerhin einen Herren ... na ja ... angekotet ... Als so was anfing, wusste ich, dass ich aus der Geschichte irgendwie rausmusste.

Aber so einfach war das dann ja auch wieder nicht. Was sollte ich tun? Und die wichtigere Frage: Wo sollte ich hin? Mein Bruder war ja verschwunden, ich hatte keine Ahnung, wo er wohnte. Mein Vater saß – soweit ich wusste – immer noch im Knast und meine Mutter hasste mich. Ich hatte keinen Job bzw. keinen Job, wo ich etwas von dem Geld bekam, was ich einnahm. Es war zum Verzweifeln.

Doch ein Tag änderte vieles. Es gab irgendein Familienfest bei Nils. Ein Geburtstag oder so was in der Art. Zumindest sagte er mir das so. Ich hatte gerade zuvor zwei Tage hintereinander eine Schicht im Studio gehabt. Und es sind zwei sehr harte Tage gewesen. Ich hatte blaue Flecken überall und sah wohl generell nicht so gut aus. Also wollte Nils mich nicht mitnehmen. Ich stellte mir genauso wie wohl auch er das Gerede der Familie vor:

«Schlägt Nils seine Freundin?»

«Ach Quatsch, er verleiht sie an ein SM-Studio und lässt sie von anderen schlagen!»

«Ach so, dann ist ja gut.»

Na ja, jedenfalls weckte er mich an diesem Morgen nach ein paar wenigen Stunden Schlaf, fickte mich dann noch schnell hart durch – er liebte es, dabei auf meinen blauen Flecken rumzudrücken – und inzwischen war ich ihm so gefügig, dass ich alles, also wirklich ALLES mit mir machen ließ. Ich war sein Stück Fleisch und er liebte es. Er liebte es, dass er mit mir machen konnte, wonach ihm gerade der Sinn stand. Ich glaube, in der Zeit war er wirklich glücklich.

Nachdem er mich gefickt hat, fesselte er meine Hände mit Handschellen hinter meinem Rücken zusammen, legte eine Unterlage aus und ließ mich noch mal etwas trinken.

«Ich bin dann mal weg. Du kannst dich gerne einscheißen und einpissen. Mein Sperma hast du ja eh schon an deiner Sklavenfresse. Die Herrin Lesya meinte eh, dass der Scheiße-Kram gerade total in ist, also gewöhne dich schon mal dran.»

«Ja, Herr.»

«Und ich erlaube dir lediglich zu pissen und zu scheißen, da wo du gerade bist. Machst du es woanders, werde ich die Hundescheiße auf der Straße aufsammeln und ich werde dir nur noch die Scheiße der Köter zu fressen geben!»

«Ja, Herr.»

«So ist's gut. Weißt du, Nele, das ich doch ein saublöder Name für eine so dumme und hässliche Sklavin. Ich sollte mir einen besseren Namen für dich ausdenken. Muschi vielleicht oder Möse. Oder gleich Scheißhaus. Ich fänd es cool, wenn dich meine Freunde nur noch mit Scheißhaus ansprechen würden ... Man müsste dir das dann auch tätowieren ...»

Dann ging er endlich weg. Die Fesseln waren ein Problem, aber ich war ja zumindest nirgendwo festgekettet, wobei das rechtlich besser gewesen wäre, das wäre dann Freiheitsberaubung gewesen, so war es einfach nur ein simples Spiel in SM-Kreisen.

Ich schaffte es, die Fesseln nach vorne zu bekommen und wusste, wo der Ersatzschlüssel ist. Es hat seine Vorteile, wenn man die Einzige ist, die in der Wohnung putzt und aufräumt.

Ich hab also die Handschellen aufbekommen und wollte dann meine Sachen zusammensuchen. Aber das war gar nicht so einfach, denn da war nichts mehr. Absolut nichts. Meinen Geldbeutel, meine Ausweise und all das hatte Nils; die Klamotten hatte er mir weggenommen, ich hatte nur noch so total widerliche Nuttenoutfits, also ultrakurze Lack- oder Latexröcke, BHs, die mehr zeigen als sie verstecken, und so Zeugs.

Ich fand dann schließlich einen Jogginganzug in Nils Sachen und schlüpfte da rein. Erst da merkte ich, dass ich schon eine gefühlte Ewigkeit keine normalen Sachen mehr getragen hatte. Ich nahm seine Sneakers, weil es die einzigen Schuhe waren, die nicht nuttig wirkten, und dann stand ich bestimmt zwei Stunden vor der Wohnungstür und konnte mich nicht durchringen zu gehen.

Ich überlegte nicht einmal. Ich konnte einfach nicht gehen. Ich war wie versteinert und starrte einfach nur die Tür an, das bescheuerte Furnier der Haustür, den Spion, das Vorhängeschloss, alles ...

Irgendwann fing ich mich wieder und mein Gehirn schien wieder Luft zu bekommen. Und so konnte ich wieder klar denken und ich handelte. Ich nahm die Klinke in die Hand und öffnete die Tür. Den nächsten Gedanken dachte ich, als ich vor dem Gefängnis meines Vaters stand.

KAPITEL 9

Freiheit.

So stand ich nun vor den Gefängnismauern, hinter denen mein Vater saß. Hinter denen er wegen mir saß, weil ich ihn angezeigt habe, weil er mit mir geschlafen hat, weil er mich geliebt hat, wie kein Vater seine Tochter lieben sollte.

Aber trotz allem hatte ich immer das Gefühl, zu ihm ein besseres Verhältnis zu haben, als zu Mama, die mich ja am Ende aus dem Haus haben wollte und mich weggejagt hat.

Es war nicht einfach, ohne Ausweis einen unangemeldeten Besuchstermin zu bekommen, aber ich sah wohl so fertig aus, dass die Leute im Knast ein Auge zugedrückt haben. Irgendwann saß ich dann im Besuchszimmer und dann ging die Tür auf und da stand er ... Papa.

Er war gealtert. Um mindestens zehn Jahre. Aber als ich ihm so in die Augen sah, wusste ich, dass er über mich wohl genau das gleiche dachte. Es war auch nichts mehr übrig vom Begehren, das früher seine Augen zum Funkeln gebracht hatte. Er sah mich an wie jemanden, den er kannte.

«Nele ... Was machst du hier?»

«Papa. Ich wusste nicht, wohin.»

«Und da kommst du zu mir?»

Ich sagte nichts darauf. Sah ihn einfach nur an. Er näherte sich mir ganz vorsichtig, als hätte er Angst, mich zu verschrecken, dann umarmte er mich sanft.

«Wo warst du?»

«Frag nicht.»

Ich wollte ihm alles erzählen, aber ich tat es nicht. Ich weiß nicht, ob er von den Verletzungen was gesehen hat, aber er sah mich an, wie ich in diesem Moment vor ihm stand. In einem Jogginganzug, der viel zu groß war; in Schuhen, die mir nicht passten; meine Haare wüst und zerzaust.

«Ich hatte nie gewollt, dass es so weit kommt.»

«Ich ...»

Mehr brachte ich nicht raus. Es kam mir vor, als hielten wir uns die ganze Besuchszeit einfach nur im Arm. Es war sehr schön, denn dieses Mal – für mich war es das erste Mal in meinem Leben – war bei der Umarmung meines Vaters kein sexueller Unterton da, der sonst immer mitgespielt hat. Er war einfach mein Vater.

Aber als die Besuchszeit vorbei war, war sie vorbei. Er konnte nicht auf mich aufpassen. Ich konnte auch nicht bei ihm bleiben. Er war im Knast.

So bin ich abends noch bei meiner Mutter vorbei.

«Hi.»

Sie sah mich einfach nur eiskalt an.

«Ich bin ganz allein hier, weißt du das?»

Ich wusste es nicht, aber ich konnte es mir denken. Mein Bruder hätte sich bestimmt nicht nach Hause zurückgewagt und Papa war ja im Knast.

«Hallo Mama.»

«Nenn mich nicht so. Ich bin nicht mehr deine Mutter.»

«Darf ich reinkommen?»

«Ich will dich nicht mehr sehen.»

«Ich war bei Papa.»

«Interessiert mich nicht. Und wenn du in der Gosse wohnst.»

Ich hob das Oberteil an, bis fast an die Brüste und zeigte ihr die blauen Flecken und die übrigen Wunden. Ich sah, wie sie schluckte, wie sie versuchte, mir zu zeigen, dass es sie kalt ließ, aber das tat es nicht.

«Und?»

«Ich brauche einen Platz zum Schlafen.»

Sie überlegte lange und sah mich so böse an. Vielleicht überlegte sie, ob sie mich vielleicht verschwinden lassen könnte. Vielleicht dachte sie auch, dass, wenn ich nicht mehr da wäre, Papa wieder aus dem Gefängnis heraus könnte.

Dann ging sie einen Schritt auf die Seite und ließ mich rein.

Die Nacht habe ich kein Auge zugetan. Ich lag auf meinem alten Bett, aber es fühlte sich an, als wäre es aus einer anderen Zeit. Hier hatte ich mit Papa Sex gehabt. Hier habe ich als Kind geschlafen. Im Vergleich zu jetzt war das eine Zeit, wo die Welt eigentlich in Ordnung war. Ich hatte eine Familie, ich hatte ein Zuhause und ich wusste, dass es jemanden gab, der mich lieb hat.

Ich bin dann so gegen halb vier Uhr am Morgen verschwunden, hab noch ein paar Sachen von mir eingepackt und in einen Rucksack gestopft. Somit war ich nicht komplett mittellos. Ich hatte mir sogar etwas Geld ... na ja ... gemopst, oder sagen wir geliehen ...

Aber zu dem Zeitpunkt wollte ich noch nicht zurück zu Nils. Ich dachte, ich könnte vielleicht das Leben einer Zigeunerin führen und unter freiem Himmel schlafen und malte es mir in den romantischsten Farben aus.

Aber die Nacht ist wirklich einsam und erbarmungslos erdrückend, wenn man alleine da draußen ist. Also checkte ich in

eine leistbare kleine Pension ein. Dort konnte ich wenigstens schlafen.

Als ich aufwachte, weinte ich, bis es fast Mittag war.

Dann schlief ich noch einmal ein und träumte dabei ganz schlecht.

Danach sah ich mich sehr lange im Spiegel an und Fragen schossen mir durch den Kopf ... Nein, das stimmt so nicht. Sie wateten eher durch meine Gehirngänge wie ein Angler durch einen Sumpf, der ihn verschlingt, wenn er zu lange an einer Stelle stehen bleibt.

Warum stehst du alleine da? Warum hast du niemanden mehr?

Warum bin ich die Böse? Warum kann ich nicht einfach ein nettes Leben leben?

Warum habe ich Papa nur angezeigt? Ich wäre inzwischen bestimmt zu alt für ihn und es wäre ohnehin von alleine zu Ende gegangen. Warum musste ich mein Leben zerstören, kurz bevor es überhaupt begann?

So schlenderte ich gedankenverloren, mit dem letzten Rest Geld in der Tasche und alten Klamotten durch die Straßen meines Heimatortes und wusste nicht, wohin. Zu Papa konnte ich nicht, Mama wollte mich nicht, Lara hatte mich ebenfalls verraten ...

Plötzlich wurde ich abrupt aus meinen Gedanken gerissen, als eine meiner früheren Nachbarinnen vor mir stand. Sie hat wohl zufällig meinen Weg gekreuzt und weil ich so in Gedanken gewesen bin, hätte ich sie beinahe übersehen. Das erste, was sie natürlich wollte, war, zu erfahren, was da denn bei unserer Familie ablaufe, denn «normal» wirkte sie nach außen hin bestimmt nicht.

«Ach Nele! Schau mal einer an! Wir dachten schon, dich gibt's nicht mehr!»

«Hallo Frau Schaumtiegel! Doch, mich gibt's noch. Ich bin ausgezogen.»

«Ach so. Aber so jung?»

«Naja ... ich ... ich hab mir halt einen Job gesucht.»

«Oh die große, weite Welt! Jaja, jetzt wirst du erwachsen, nicht? Ich weiß noch gut, wie du immer zu uns rübergekommen bist, und ich dir die Karamellbonbons zugesteckt hab. Erinnerst du dich auch noch dran?»

«Ja, klar. Die waren lecker!»

«Na ja ... bald kann ich eh wieder welche kaufen!», sagte Frau Schaumtiegel plötzlich.

«Wieso? Ich bin doch schon zu alt ...»

«Na, weil doch deine Mama wieder schwanger ist. Ich hab ja schon fast gedacht, deine Eltern trennen sich, weil man deinen Papa kaum noch sieht, aber da hab ich mich wohl geirrt. Ich meine, klar, als Vertreter ist man nun mal viel unterwegs. Aber es kommt ja nicht auf die Menge der Zeit an, die man mit seiner Familie hat, sondern auf die Qualität, nicht?»

Das war wie ein Stich in den Rücken. Das hatte ich nicht kommen sehen. Ich hatte es einfach nicht gesehen, auch nicht als ich vor Mama gestanden bin. Ich wusste nicht, dass mein Papa inzwischen Freigang oder Hafturlaub hatte und ich wusste auch nicht, dass die beiden sich ... na ja ... offensichtlich wieder versöhnt hatten.

Meine Mama würde wirklich noch ein Kind bekommen. Nach meinem Bruder und mir. Das Kind sollte dann ungefähr da sein, wenn mein Papa aus dem Gefängnis entlassen wird. Genau zur richtigen Zeit. Und es wird so sein, dass nicht Papa ein Spielzeug für das Kind als Geschenk mit dabeihaben wird, sondern das Geschenk wird dann zu Hause direkt auf seinen Papa warten. Dann hat er wieder ... ein Spielzeug.

Ich hörte gar nichts mehr, was Frau Schaumtiegel noch sagte, ich bemerkte gar nicht, dass sie überhaupt noch sprach, erst als ich sie anblickte, sah ich, dass sich ihre Lippen immer noch bewegt haben. Ich brachte kein Wort heraus, ich drehte mich um und rannte.

Ich rannte einfach weiter, aber ich wusste einfach nicht, was ich tun sollte. Und ich rannte weiter, ich rannte schneller und plötzlich wusste ich, was mein Bruder damals gefühlt haben muss, als er uns verließ. Er rannte ... genauso wie ich jetzt. Aber wohin sollte ich rennen?

Zwei Tage konnte ich mir die Pension leisten. Sie kostete 23 Euro pro Nacht und somit war nach nur zwei Tagen mein Budget bereits fast am Ende. So habe ich meine Sachen zusammengepackt und da ich nicht wusste, wohin, habe ich mich entschlossen, noch einmal zu Nils zurückzugehen.

Ich habe gedacht, vielleicht würde es besser werden, wenn ich ihm sagen würde, dass ich das Spiel so extrem nicht spielen wollte.

Es liegt nun natürlich die Frage nahe, warum ich zu diesem Zeitpunkt (oder auch schon viel früher) nicht wieder zurück ins betreute Wohnheim gegangen bin. Die hätten mich doch sicher wieder aufgenommen. Da muss ich gestehen: Ich weiß es nicht. Es ist eine gute Frage, ich habe keine Ahnung. Blöd gesagt, muss ich zugeben, dass es eine Option gewesen wäre. Aber die Tanten da drinnen kamen mir alle so fertig vor, da wollte ich mich einfach nicht dazuzählen. Damals war mir das gar nicht in den Sinn gekommen.

Ganz abgesehen davon, wollte ich eigentlich auch niemandem mehr irgendwas erzählen, nach der Sache mit Papa ... So ging ich wieder zu Nils.

Aber ich war mir damals schon unsicher. So versteckte ich mein letztes Geld und meine Sachen, ich nahm sie nicht mit zu ihm. Damals kannte ich den Ausweg noch nicht, aber es sollte nicht mehr lange dauern. So stand ich vor unserer ehemaligen Wohnung auf der Fußmatte. Meine Beine zitterten, mein Herz pochte. Ich war nervös. Ich hatte Angst. Vielleicht sogar ein kleines bisschen Vorfreude, aber eher eine Art Unbehagen, weil ich nicht wusste, was mich erwarten würde.

Dann klingelte ich an unserer Haustür. Ich hörte den Summer und die Tür öffnete sich.

KAPITEL 10

Die Strafe.

Nils öffnete die Tür und stand breit aufgebaut vor mir. Er sagte aber kein einziges Wort. Ich wusste, dass ich diejenige war, die einen Fehler begangen hatte, und ich wusste, dass ich dafür natürlich eine satte Strafe erhalten würde. Ich trat ein und wartete, bis er hinter mir die Türe geschlossen hatte. Dann zog ich mich nackt aus, so wie ich es noch von früher gewohnt gewesen bin. Klamotten waren in dieser Wohnung überbewertet und für meinen Meister ein Dorn im Auge.

Als ich nackt war, kniete ich mich vor ihm hin und küsste seine Schuhe. Ich wollte ihm zeigen, dass ich demütig bin und meine Strafe erwarte. Er packte mich ohne Vorwarnung an meinen Haaren und zog mich Richtung Schlafzimmer. Und ich erschrak. Nils hatte unser altes Bett entsorgt. Dort stand nun ein völlig neues Bett aus massiven schwarzem Eisen, eines, wo unter den Matratzen ein Käfig war, der natürlich verschlossen werden konnte.

Er öffnete seinen Spielzeugschrank und holte ein neues Halsband, welches ich zuvor noch nie gesehen hatte, heraus und legte es mir um. Es summte leicht, aber ich wagte nicht zu fragen, was mit dem Band los ist. Dann fesselte er mich mit meinen Händen an die Gitterstäbe am Boden und dann befestigte er noch ziemlich künstlerisch ein paar Seile so an den Gitterstäben und

an meinen Beinen, dass er wie bei einem Flaschenzug damit meine Beine spreizen konnte.

Ich ließ es geschehen. Was danach folgte, war wieder einmal eine Tortur für meine Harnröhre, denn er führte mir einen Stahlstift ein. Dann auch noch einen metallenen Plug in meinen Arsch und Klemmen an die Nippel. Gut, das war ich ja schon fast gewohnt. Aber was dann kam ...

Dann kam der Strom.

Es brannte wie Feuer und schmerzte so unglaublich. So etwas extrem Schmerzhaftes hätte ich nicht erwartet. Und die Schmerzen schienen mich zu überrollen und genau in dem Moment, als ich dachte, die Schmerzen wären einfach zu heftig, stellte er das Gerät so ein, dass die Stromstärke genau beibehalten wurde. Dann verließ er den Raum.

Ich hörte, wie die Haustüre ins Schloss fiel und befürchtete, er hätte das Haus verlassen. Noch immer hatte ich kein einziges Wort zu ihm gesagt, seit ich die Wohnung betreten hatte. Ich wusste ja, ich musste gehorchen. Ich wusste, dass ich bestraft werden musste. Also wollte ich bzw. wusste ich, dass ich die Pein ertragen musste.

Nun war ich wirklich sein Stück Fleisch. Ich war zurückgekommen, obwohl ich wusste, dass mich ein Sadist erwartete. Obwohl ich wusste, wie er mich behandelt hatte. Obwohl ich wusste, dass der Schmerz wiederkommen würde. Ich war also von nun an selbst schuld und hatte es also auch selbst zu verantworten. Nils traf ab sofort keine Schuld mehr, denn ich hatte mich ihm ja schon entzogen. Ich hätte auch wegbleiben können. Doch ich bin zurückgekommen. Was jetzt kam, war meine eigene Entscheidung.

Der Strom war so gnadenlos brutal. Der Stahlstift in meiner Harnröhre ließ mich mit der Zeit die Kontrolle über meine

Körperfunktionen verlieren. Ich pinkelte alles voll. Schlimmeres passierte nicht, weil der Plug in meinem Hintern genau das verhinderte.

Ich glaubte, er würde mich mit dem Strom braten. Ich dachte, ich würde von innen heraus verbrennen.

Als er endlich zurückkam und den Strom abstellte, waren meine Glieder vollkommen taub vor Schmerz. Ein seltsames Gefühl. Man spürt die Welt nicht mehr, sondern nur noch diesen dumpfen Scherz. Man hört nichts mehr richtig, sondern das einzige, was es noch gibt, ist dieser unerträgliche Schmerz ...

Er rührte mit dem Ding noch etwas in meiner Harnröhre herum, zog den Stift dann heraus und riss auch die Klammern von meinen Nippeln und ließ sie auf meine Klitoris schnalzen. Diesen Schmerz kann ich nicht mehr beschreiben. Mittlerweile hatte er natürlich den Strom auch schon wieder angestellt. Der Schmerz war so überwältigend ... ich biss mir die Zunge blutig dabei ...

Er fesselte meine Hände in schwarze, schwere Fäustlinge und setzte mir einen Knebel in den Mund. Dann öffnete er die Tür zu dem Käfig unter dem Bett. Ich robbte da dann irgendwie hinein. Ich hatte keine Kontrolle mehr über meinen Körper. Er zog meine Füße zwischen die Gitter und fesselte sie außen wieder zusammen. Ich bekam Fußfesseln und wieder so eine Metallstange zwischen die Beine, damit ich sie nicht schließen konnte.

So war ich absolut hilflos. Ich lag auf der Klemme, die meine Klitoris immer noch zerquetschte, die Beine durch dieses schwere Eisengitter gesteckt und meine Hände waren in diesen komischen Fäustlingen zu nutzlosen Bällen geworden.

Der Strom kam wieder, vielleicht hat er ihn auch nur stärker gedreht als zuvor und ich dachte, ich müsste sterben. Der Strom

zuckte mit einer solch brutalen Stärke durch meinen Unterleib und ich wusste auf einmal, dass der Knebel eigentlich zu meinem Schutz da war. Er hatte wohl meine blutige Zunge gesehen und wollte vielleicht nicht, dass ich sie mir noch ganz abbeiße.

Dann machte er das Licht aus. Und das war's! Ich wusste nicht, ob er auf dem Bett über mir lag oder ob er gegangen war. Aber das war mir in diesem Moment auch egal. Ich lag da und war nicht viel mehr als purer Schmerz.

Am nächsten Morgen war ich komplett im Delirium. Er hatte wohl in der Nacht den Strom irgendwie gedrosselt oder ihn vielleicht sogar abgeschaltet, aber das hab ich nicht mehr gemerkt. Ich hab rein gar nichts mehr gefühlt, gespürt ... gedacht. Zuerst war der Strom da und da und da und dann mal weniger da und dann wieder mehr und dann vielleicht auch ganz weg und dann wieder da ... Und das die ganze Nacht. Ich konnte mich nicht mehr orientieren, ich konnte nicht mehr schlucken, mein Kiefer tat vom Knebel weh, meine Hände und meine Beine schmerzten, von meiner Klitoris ganz zu schweigen ... alles tat weh.

Er holte mich am Morgen aus meinem Gefängnis und zerrte mich brutal ins Badezimmer. Dort ersetzte er meinen Knebel durch einen Trichter und pisste mir in den Mund. Hielt mir die Nase zu. Ich schluckte.

Und ich lernte, mich zu hassen.

Warum war ich zurückgekommen? Ich trank hier gerade die Pisse ... Ich wollte es gar nicht zu Ende denken.

Erst, als ich alles getrunken hatte, entfernte er die Klammer von meiner Klitoris. Der Schmerz war so furchtbar, ich hätte beinahe lauthals geschrien, dass er sie wieder dranmachen sollte ... Ich krümmte mich vor Schmerzen und aus den Augenwinkeln

heraus konnte ich sehen, dass es ihn unendlich geil machte. Sein Schwanz stand steil über mir.

Aber ich konnte nichts tun. Die Schmerzwelle hatte mich so fest im Griff und ich hatte weder Hände noch einen Mund, um ihm in diesem Moment Lust zu verschaffen. Von der Tatsache, dass die Schmerzen mich unter Kontrolle hatten und ich mich vor ihm auf dem Boden wälzte vor Schmerzen, ganz zu schweigen.

Er zeigte mir dann später auch noch das Halsband genauer oder eigentlich mehr, was man damit machen konnte. Es war ein Schockhalsband für Hunde. Bis auf 200 Meter könne er mir damit Stromschläge unterschiedlicher Stärke verpassen. Es sei eine Erziehungsmaßnahme, sagte er.

Das sollte ich aber erst bemerken, als er es das erste Mal einsetzte. Ich stand in der Küche und machte das Essen, als er meinte, er habe Hunger.

«Wann gibt es was zu Essen?»

«Es dauert noch zehn Minuten, Herr.»

Dann ging ich auch schon mit einem Ruck zu Boden, als das Halsband anschlug. Es war als hätte jemand seine Faust in meinen Hals gerammt. Ein unbeschreiblich ekliges, heftiges Gefühl. Es raubt einem komplett die Luft.

«Das dauert mir zu lange. Du hättest früher anfangen und nicht so trödeln müssen. Dummes Stück!»

«Ja, Herr», stammelte ich, als ich mich wieder einigermaßen erholt hatte.

Das Halsband setzte er seit diesem Mal regelmäßig ein, wenn ihm etwas nicht passte. Angefangen von schlecht gebügelten Hemden ... Hey, ich hab noch nie zuvor in meinem Leben

gebügelt, woher soll ich bitteschön wissen, wie das geht? Bis hin zur sexuellen Unterwerfung.

Aber er wurde noch extremer und es wurde noch ekliger. Denn er hat begonnen, mich zu zwingen, seine Exkremente zu essen. Ich sollte sie für ihn essen und er wollte mich mit dem Halsband dazu erziehen. Kein Wunder, dass diese Halsbänder verboten wurden. Also zumindest für die Hunde. Jetzt trainierte er mich damit. Ziel war: Ich esse alles, egal, was es ist und ich darf nichts erbrechen.

Dann meldete er mich wieder beim Studio an und dieses Mal musste ich mich vor die Chefin hinstellen und so tun, als fände ich es total geil. Ich sollte um die widerlichsten Sachen betteln.

«Na, da bist du ja wieder.»

«Ja ...»

Ein böser Blick von Nils. Das war nicht die Antwort, die er hören wollte.

«Ich hab es ohne die Demütigungen und die Schmerzen nicht ausgehalten.»

«Ja?»

«Oh ja! Ich kann es kaum erwarten, bis ich endlich wieder fremde Männerpisse schmecken und fremdes Sperma schlucken darf und ...»

Wieder ein böser Blick von Nils.

«... und ich will endlich eine richtige Toilette werden. Ich will alles schlucken, was man mir gibt und ich will die totalen Extreme ausloten!»

Nils guckte zufrieden.

Ich werfe mich vor ihr auf den Boden, kann es nicht glauben, was ich da tue, aber ich tue es.

«Bitte Herrin, ich will meinen Herren stolz machen und ihm zeigen, was für eine tolle belastbare Sklavin ich bin.»

Es hat gewirkt. Schon am nächsten Tag ging das Spiel im Studio wieder los. Inzwischen hatte ich dann ja auch so was wie Stammkunden, die ich «Papa» nennen sollte, und die mich regelmäßig quälten. Ich hoffte, sie hätten keine Kinder, denn wenn die schon so Sachen mit mir anstellen konnten ...

Ich war ganz schnell eine leere Hülle ohne Geist. Ohne Gefühle. So konnte ich das Meiste ertragen. Aber Nils sah das wohl und wollte unbedingt, dass ich wieder zu mir kam. Im wahrsten Sinne des Wortes. So dachte er sich noch widerlichere und noch schmerzhaftere Dinge aus, denn es reichte ihm nicht, einfach so weiterzumachen. Er wollte alles noch weiter treiben, ich war nun nicht mehr nur ein Spielzeug. Ich war sein Spielzeug, das er nun kaputt machen wollte ... und schon bald folgten die schlimmsten Tage meines Lebens.

Einige von den richtig perversen Club-Besuchern veranstalten hin und wieder so was wie interne «Feiern». Das waren meist ältere Männer und die mieteten sich ein Wochenende in einem Studio ein, holten sich eine oder auch mehrere Sklavinnen und feierten dann richtige Orgien, die Marquise de Sade wohl begeistert hätten.

Man musste bei solchen Feiern dann eine Einladung erhalten und zu einer solchen kam man nicht einfach. Nils hat sich dann irgendwie über das Studio und über seine Bekanntschaften eine solche Einladung besorgt. Und mir wurde erst mit der Zeit klar, dass ich seine Eintrittskarte war.

Nils war an diesem Tag schon die ganze Zeit sehr, sehr aufgeregt und er wollte mir nicht erzählen, warum. So kannte ich ihn gar nicht. Aber ich war ja nicht ganz blöd und ich merkte sofort, dass da irgendwas im Busch war. Ich musste eine ganze Woche vorher nicht arbeiten und konnte mich sogar richtig erholen.

Nils spendierte mir sogar einen richtigen Wellness-Tag, also so mit Sauna und Massage. Das hatte er davor noch nie getan. Das war also schon alles höchst verdächtig.

«Was hast du vor, Herr?»

«Lass das mal meine Sorge sein, du kleine Sklavin. Ich kümmere mich schon um alles. Genieße erst mal den Tag! Lebe im Jetzt!»

Ich dachte, das wär doch ein saublöder Spruch. Schließlich hatte ich als Sklavin gelernt, dass es nichts Schlimmeres gibt als das. Lebe im Jetzt und erlebe die Schmerzen in ihrer brutalen Direkt- und Vollkommenheit. Lebe im Gestern und erinnere dich an Papa. Lebe in der Zukunft ... Scheiß auf die Zukunft, denn eine Zukunft hatte ich ja nicht.

Als dann der Abend kam, fuhr er mich wieder in das SM-Studio. Aber dieses Mal verschwand er nicht, sondern drückte sich am Empfang rum, wo dieses Mal tatsächlich ein sehr, sehr junges Mädchen Dienst hatte.

Die sah mich mit großen Augen an und es hätte nicht beschämender sein können, wenn sie meine Tochter gewesen wäre. Ich musste mich immer draußen vor dem Studio schon ausziehen und die «Heiligen Hallen» nackt betreten. Nils hatte darauf bestanden. So stand ich also nun vor dem Mädchen, das noch jünger schien als ich.

Ich duschte mich und das junge Mädchen legte mir mein Outfit zurecht. Ich fühlte mich in diesem Moment schon so unendlich alt, sie hingegen sah noch so naiv aus, so unschuldig. Aber meine Menschenkenntnis war ja immer schon kacke!

«Du bist also die Sklavin ...»

«Ja?»

«Nils meinte, dein Name sei ... Toilettenschwein.»

«Hat er das?»

«Ja.»

Jetzt, da das Wort wohl endlich draußen war, schien sie erleichtert und auch irgendwie ein wenig stolz auf sich.

«Mein Herr gibt mir viele Namen, um mich zu demütigen.»

Ich war schon total im Sklavinnen-Modus. Dann besah ich die Kleidung für den Abend. Viel war es ja nicht. Es waren transparente Latex-Strümpfe, Armstulpen in Schwarz, schwarze Stilettos und eine Latexschleife für mein Haar. Ich schlüpfte in das spärliche Outfit. Dazu kamen dann noch – wie immer – die Handfesseln und auch die Fußfesseln. Das ermöglichte es den Kunden, dass sie mich immer möglichst schnell überall fesseln und abstellen konnten. Es gab ja zum Beispiel auch Kunden, die wollten, dass ich mit dem Sperma der vorangegangen Kunden vollgepumpt war. Die kamen dann sofort nach einer Session und prüften, in welche Löcher ich gefickt wurde. Da war es natürlich von Vorteil, wenn ich mich nicht von der Stelle rühren konnte.

«Heute ist wohl ein besonderer Tag?», fragte ich das Mädchen.

«Ja. Heute ist die DeSade-Club-Party von Henry und seinen Freunden.»

Bevor ich fragen konnte, was das ist, wurde die Kleine ausgerufen und verschwand flink aus der Tür. Ich atmete tief ein. Club-Party klang erst einmal nicht so schlimm. Mehrere Männer, die etwas Spaß haben wollten. Da hatte ich wohl schon Heftigeres erlebt. Dachte ich. Ich trank noch meinen Kräutertee aus, der beruhigte mich und ich dachte noch ernsthaft, das würde schon gehen.

Wie ich mich täuschen sollte.

Nach einiger Zeit kam Herrin Lesya mich holen und führte mich in den Hauptraum. Es war eine Mischung aus SM- und Klinikzimmer. Ich sah, dass der Raum seit meinem letzten Besuch

umgebaut worden war. Das große Bett und einige andere Möbel waren verschwunden, dafür lag Stroh auf dem Boden in einer Ecke. Eine Stereoanlage mit großen Boxen war aufgebaut und hinter einem Paravent befanden sich einige Kisten, daneben ein Buffet mit Häppchen. Neben den ohnehin installierten Kameras in der Ecke und in den zwei Schränken, gab es dieses Mal noch einige Kameras auf separaten Ständern.

Dann wurde ich in die Mitte des Raumes geführt und dort haben sie mich dann angeschnallt. Die Hände an einer Kette, die von der Decke baumelte und die Füße an Eisenringen, die an den Boden geschweißt waren. Ich wurde somit zu einem Möbelstück inmitten des Raumes.

Dann kamen die Männer. Erst waren es zwei Männer, die den Raum betraten, sie umarmten sich und bequatschten irgendein dummes Zeug.

«Na, wie geht's Frau und Kindern?»

«Die sind bei der Oma. Ich muss ja leider arbeiten.»

«Haha! Ich hab meiner Frau erzählt, ich gehe Karten spielen. Mache ich ohnehin einmal die Woche oder manchmal auch häufiger und da wird es immer sehr spät.»

«Ich gehe mal davon aus, dass du keine Karten drischst, hehe?!»

«Genau.»

Dann kamen noch einmal drei Männer. Hinter diesen Männern kamen dann noch ein Hund und eine Ziege. Der Hund wurde wie ich angekettet, die Ziege auf das Stroh geführt und dort ebenfalls angebunden. Das durfte alles die Kleine machen.

«Sag mal, Mäuschen, willst du nicht auch hierbleiben?»

Sie schien tatsächlich kurz zu überlegen, aber schüttelte dann schnell den Kopf und verschwand. Über der Tür leuchtete eine

improvisierte Uhr, auf ihr standen rote LED-Zahlen und sie zeigten 23:59 an.

«So, meine Herren. Willkommen zu der diesjährigen Party! Unsere heutige Sklavin ist wohl eine ganz besondere! Ihr Master, der sie uns bereitwillig zur Verfügung gestellt hat, meinte, es handle sich tatsächlich um eine ECHTE No-Limit-Sklavin!», leitete einer der Männer den Abend ein. Vermutlicher dieser Henry.

«Hört, hört!»

Die Männer wurden aufmerksam.

«Und wir haben jetzt 24 Stunden Zeit, sie nach allen Regeln der Kunst zu schänden. Ach, und das Beste haben wir hier!»

Er hielt meinen Ausweis hoch und ließ ihn rumgehen. Ich denke, den Leuten gefiel, dass ich noch keine 18 war.

«So jung? Aber der Typ hat doch gemeint, ihr Arschloch wäre komplett ausgeleiert?»

«Sie halt nach.»

Das tat er dann auch. Er kam zu mir, ging um mich herum und befingerte mein Poloch.

«Und?»

Er presste und drückte Finger um Finger in mich hinein und scherte sich keinen Augenblick lang dabei um mich. Es machte für ihn keinen Unterschied, ob er dabei einen Haushaltshandschuh überzog oder eben nicht.

«Naja, ausgeleiert ist das nicht, aber ich glaube, die verträgt was.»

Dann ging es los. Ich wurde auf eine Liege geschnallt und vor einer Maschine positioniert, auf der ein Dildo befestigt war. Diese Maschine sollte mich ohne Erbarmen durchficken. Und schon nach kurzer Zeit war ich wund. Immer wieder streute einer der Männer Salz auf den Maschinenschwanz oder Sand oder

so was und es scheuerte mich binnen kurzer Zeit vollkommen blutig und wund.

«Du kannst ruhig schreien.»

Die Männer hatten es sich erst mal am Buffet gemütlich gemacht und sich dort niedergelassen, während ich auf der Bahre lag und ohne Pause von der Maschine gefickt wurde. Ich wollte nicht schreien, aber bald wimmerte ich, weil es einfach so wehtat. Es dauerte genau 19 Minuten – das hab ich an der Uhr gesehen –, bis einer der Männer zu mir kam und die Maschine stoppte.

Ohne mich auch nur eines Blickes zu würdigen, schraubte er den Maschinenschwanz ab und schraubte einen neuen dran. Dann positionierte er die Maschine ein bisschen anders und na ja ... von nun an wurde ich von der Maschine eben in den Hintern gefickt.

Das alleine war nicht schlimm, das kannte ich ja schon zur Genüge und ich weiß, dass die Männer darauf stehen. Aber dieser Plastikschwanz fühlte sich an wie Schleifpapier und es fühlte sich so an, wie wenn er mit so etwas wie Schmerzgel eingerieben wäre, denn binnen Sekunden brannte mein Po wie Feuer.

Jetzt schrie ich.

Aber keiner der Männer schien mich auch nur zu beachten.

Was danach folgte, will ich nicht in allen Einzelheiten beschreiben, denn es dauerte wirklich ewig.

Nachdem ich quasi gleich zu Beginn wund und blutig gefickt worden war, war sichergestellt, dass ich auf jeden Fall Schmerzen leiden würde, egal was sie mit mir machen.

Nun begannen sie mich zu ficken, sie nahmen mich hintereinander, manchmal gleichzeitig, und dann ließen sie irgendwann auch wieder von mir ab. Wichtig war ihnen nur, dass ich immer

weiter leiden sollte. Also bekam ich dann noch Einläufe verpasst, ich wurde ausgepeitscht und immer wieder gefickt. Es nahm kein Ende. Dann bekam ich einen Katheter, wurde befüllt bis ich fast platzte und dann auch gleich wieder gefickt … und so weiter … es ging immer weiter.

Das kannte ich ja mehr oder weniger schon alles, deshalb hab ich dann versucht, mich zu entspannen. Allerdings war das wohl nur das Vorspiel, um warm zu werden. Von dem ich zu diesem Zeitpunkt allerdings noch keine Ahnung hatte. Denn ich hatte die Tiere vergessen.

Irgendwann holten sie mich auf die Knie, fesselten meine Hände und meine Beine wieder am Boden, damit ich nicht wegkonnte. Und dann hetzten sie den Hund auf mich. Ich glaub es war so was wie ein Rottweiler. Ich kannte mich mit Hunden noch nie gut aus.

Der Hund fickte mich so wild, so was hatte ich noch nie erlebt und weil ja alles schon so wund und offen war, tat es so entsetzlich weh. Er klammerte sich an mir fest und rammelte mich wie von Sinnen.

Und am Ende hing das Vieh an mir oder besser gesagt in mir fest. Die haben da ja so was in der Art wie einen Widerhaken, der so lang anhält bis der Hundeschwanz wieder erschlafft. Das nennt sich Knotting in der Internetsprache … da stehen die Männer total drauf.

Als er mich bestiegen hat, hat er mir mit seinen Krallen und Pfoten die Seiten blutig gekratzt. Er hing an mir dran und ließ nicht ab von mir bzw. er konnte eben nicht mehr von mir ablassen …

Die Männer, die alles filmten und immer wieder meinen Ausweis in die Kamera hielten, johlten und klatschten Beifall. Aber nicht mir. Sondern dem Hund.

Irgendwann trennte sich der Hund wieder von mir und ich brach erschöpft zusammen. Das nutzten die Herren für eine gemeinsame Pinkelpause. Ich musste alles bis zum letzten Tropfen trinken und sie waren sehr überzeugend dabei. Ich wäre nämlich beinahe erstickt.

Ich schwebte durch ein Delirium aus Sex und Perversion. Ich wurde von einem Tier gefickt, von den Männern misshandelt und missbraucht. Und der erste Teil endete tatsächlich damit, dass ich mein Gesicht in Hundeexkrementen liegend fand und mich nicht überwinden konnte, den Mund zu öffnen. Mit einer Leine schnürten sie mir die Luftzufuhr ab, und ich wurde beinahe ohnmächtig. Aber sie ließen einfach nicht von mir ab.

Ich wurde bei dieser Orgie von der Ziege weiter wundgeleckt, über eine Maulsperre mit allem gefüttert, was Mensch und Tier von sich gaben, erbrach dabei und wurde gezwungen, das Erbrochene noch einmal zu essen, wobei ich dann meistens wieder erbrach.

Irgendwann kamen sie dann auch noch mit einer Rasierklinge daher und ritzten mir «Lebendige Toilette» in die Haut, direkt auf meinen Bauch. Das muss ziemlich das Ende gewesen sein. Sie desinfizierten es, aber nicht richtig. Ich habe immer noch Narben davon. Man kann es zwar nicht mehr lesen, aber ich werde für immer wissen, was da mal auf mir stand.

Es gab Schläge, Tritte und Hiebe. Sie setzten mir Nadeln durch die Brustwarzen und hängten Gewichte dran. Dann ließen sie den Hund wieder los, der sich erneut auf mich stürzte und es riss mir dabei fast die Brust entzwei.

Diese Männer hatten mich am Ende keine 24 Stunden, wie vorher angekündigt, sondern 48 Stunden in ihrer vollen Gewalt, und in diesen 48 Stunden floss mein Blut, trank ich lediglich Urin, aß nur das, was mir die Männer gaben und das war eben

nur ihre Scheiße und über allem lag Schmerz. Dieser unerbittliche Schmerz.

Ich fragte mich, warum Männer nur so gemein und so widerlich sein konnten. Ich hatte ihnen, ich hatte Nils doch nichts getan. Na ja, ich war weggelaufen. Vielleicht war das nun meine Strafe dafür. Aber war das wirklich so schlimm? Hatte ich das wirklich verdient?

An das genaue Ende kann ich mich nicht mehr erinnern, denn irgendwann hab ich das Bewusstsein verloren ...

KAPITEL 11

Mein Ausweg.

Als ich Nils zum zweiten Mal und dieses Mal endgültig verlassen habe, war ich fast 19. Ich hatte also fast zweieinhalb Jahre für ihn als Sklavin gearbeitet.

Aber an einem Tag hat es das Schicksal gut mit mir gemeint. Ich hatte Glück, denn das eine Mal nach einer Session konnte mich Nils nicht abholen, weil er etwas anderes zu erledigen hatte. Also bekam ich das Geld selbst in die Hand gedrückt. Es waren immerhin 700 Euro für drei Sessions mit mir.

Und in diesem Moment, als ich so viel Geld in meinen Händen hielt, fiel auf einmal der Groschen! Ich hatte meinen Ausweg gefunden. Ich ging sofort in ein Internet-Café und begann, nach Domina-Studios in anderen Städten zu suchen, die mir irgendwie gefallen haben und die irgendwie seriöser gewirkt haben, schrieb mir die Adressen auf, rannte nach Hause und packte meine Siebensachen zusammen. Dann holte ich noch meine eigenen Sachen ab, die ich sicher verstaut hatte und haute einfach ab.

Das Problem zuvor war ja, dass ich nicht wusste, wohin ich sollte. Und damals war ich mir noch nicht im Klaren oder ich wollte es mir nicht eingestehen, dass diese Annahme alleine falsch war, denn das eigentliche Problem damals war: Ich hatte kein Geld. Ich konnte mir kein Zugticket kaufen, ich hatte nichts.

Aber wenn ich weiterhin als Sklavin arbeiten würde, aber eben unter anderen Bedingungen, in einem seriösen Studio, dann hätte ich ja Geld. Und dann hätte ich eine eigene Wohnung und könnte mir vielleicht sogar mit der Zeit einen echten Job suchen ...

Ich schrieb den Domina-Studios eine E-Mail, stopfte meine wenigen Sachen in eine Tasche und verschwand. Und tatsächlich: Ich bekam bei einem der Studios einen Job, den ich auch schwarz machen durfte.

So konnte ich mir Anfangs ein Zimmer in einem Gasthaus leisten, später eine kleine Wohnung. Und ich konnte mich dann immer noch nach einem echten Job umsehen. Wobei es leider so ist, dass man mit einem echten Job halt auch kein wirkliches Geld verdient.

Im neuen Studio war es zwar auch nicht wirklich toll, aber es war um Welten besser als die Arbeit im Studio zuvor, wo ich noch bei Nils war ... mit ihm zusammen war. Es klingt irgendwie echt bescheuert in dem Zusammenhang. Na ja. Es war damals ja erst nur ein Spiel und dann war ich tatsächlich seine rechtlose Sklavin, sein Eigentum. Und ich hatte das Gefühl, dass er mich am Ende auch kaputt haben wollte. Also nicht psychisch, sondern auch körperlich.

Ich weiß noch genau, dass er eines Tages einen Comic aus dem Internet ausgedruckt hat. So was Japanisches. Die hat er sich immer gezogen und mit seinen Kumpels getauscht. Der Comic war sehr krass. Er handelte von einem Kind, einem Mädchen, das als Sexsklavin gehalten wurde und dann amputierte man ihr die Arme, die Beine, schnitt ihr die Zunge heraus und zog ihr die Zähne.

Am Ende war sie ein Torso, der absolut hilflos war. Sie konnte sich nicht bewegen, konnte nicht sprechen, nichts beißen. Sie

konnte nur noch missbraucht werden. Und sie musste es über sich ergehen lassen.

Ich habe das Glitzern in seinen Augen gesehen. Als er bemerkte, dass ich ihm über die Schulter sah, meinte er nur, dass so etwas medizinisch kein Problem sei, und einer meiner Kunden sei ein guter Chirurg. Und dass ihm die Idee wirklich gut gefiel.

Im alten Studio wurde auch nichts mit mir abgesprochen. Dort wurde ich wirklich nur wie ein Gegenstand benutzt. Was kümmert es den Besen, wenn er Scheiße kehrt? Im neuen Studio habe ich dann sagen können, was ich zu tun bereit bin und was nicht. Und ich konnte auch Kunden ablehnen, wenn die mir nicht passten. Ich war kein rechtloser Gegenstand mehr, ich war selbstständig im Dienstleistungsgewerbe tätig und ich erbrachte eine Leistung, für die andere bezahlten.

Ob das Studio, in dem ich für Nils gearbeitet habe, eine Lizenz oder eine Genehmigung oder so was in der Art hatte, weiß ich bis heute nicht. SM-Studios, zumindest die, die ich inzwischen kennengelernt habe, sind eigentlich nie für den Normalo ersichtlich. Die liegen meist etwas versteckt und auf dem Klingelschild steht dann so was wie «1. Etage» oder «Studio». Aber um da hinzukommen und es zu lesen, muss man ja schon reges Interesse haben. Ansonsten gibt es keine großen Schilder, wie sie auf Restaurants oder so prangern.

Auch ob die jetzt so total legal oder illegal ihren Sitz dort hatten, das weiß ich nicht. Ich hab da halt gearbeitet, die hatten alle ihre Webseiten und da kamen auch immer viele Neukunden hin. Also irgendwie müssen sie schon von der Szenerie erfahren haben. Wie das steuerlich oder rechtlich aussah, das weiß ich nicht. Und dass der eine oder andere Stammkunde eine Extrawurst oder halt auch mal ein Kind erhalten hat, das war ja nicht

sooo ungewöhnlich. Man denke u. a. an den Skandal in Leipzig vor ein paar Jahren, wo Richter und hohe Funktionäre in einem Puff Kinder gefickt haben ...

Seit ich von Nils abgehauen bin, sind nun ungefähr vier Jahre vergangen. Ich bin seitdem nie wieder in seiner Nähe gewesen. Und auch nicht in der Nähe unserer damaligen gemeinsamen Wohnung. Manchmal bin ich noch zum Haus meiner Eltern gefahren, hab da aber immer nur durchs Fenster geguckt, wenn ich mich irgendwann in die Nähe des Hauses getraut hab. Einmal hab ich mir vorgestellt, wie es wäre, wenn ich meiner Mama das Kind stehlen würde. Ich könnte es vielleicht aufziehen, ohne dass da ein Papa ist, der es fickt. Aber ich habe es nicht getan.

Leider weiß ich rein gar nichts darüber, was bei meinen Eltern nach der Entlassung meines Vaters geschehen ist. Ich weiß leider nichts und der einzige Grund, warum ich das schade finde, ist, dass ich gerne wüsste, ob Papa das neue Kind auch missbraucht und ob Mama wieder wegguckt. Aber ich will da nicht wieder hin. Und ich hoffe einfach, dass das Jugendamt seinen Job macht und einen verurteilten Kinderficker nicht einfach so zu seinem Neugeborenen lässt.

Da bin ich inzwischen wohl wie mein Bruder. Ich glaube, dem ist damals auch was passiert, und als er alt genug war, hat es aufgehört und ich kam dran. Aber vielleicht beherrscht sich mein Papa ja auch. Ich wünsche es meinem Geschwisterchen. Und Papa und Mama.

Auch zu Lara hab ich absolut keinen Kontakt mehr. Die hab ich seit dem Tag im Studio nicht mehr gesehen. Vielleicht dachte sie, sie könnte es aushalten, es mit anzusehen, wenn jemand leidet ... Es gibt ja so Vergewaltigungspornos und auch diese bescheuerten

Horror-Filme wie *Saw* und *Hostel* und so Zeugs. Man findet das dann eklig oder vielleicht findet man es sogar geil, aber ich glaube, die meisten würden sofort kotzen, wenn die so was in echt sehen würden.

Lara hat so was in echt gesehen und sie kannte das Opfer sogar noch und sie hat sogar noch mitgemacht. Ich glaube, wenn sie mich irgendwo entdecken würde, sie würde sich vor Scham im Boden verkriechen.

Nur mein Bruder fehlt mir tatsächlich sehr, aber meine Eltern hatten keinen Kontakt mehr zu ihm und auch ich habe keine Ahnung, wo er ist. Ich befürchte eben wirklich, dass er das gleiche Schicksal erlitten hat wie ich und dass wir uns vielleicht gegenseitig stärken könnten.

Eigentlich müsste man meinen, dass ich Nils und das Studio angezeigt habe. Dazu hätte ich allen Grund gehabt. Ich war minderjährig. Aber nein, ich habe niemanden angezeigt. Vielleicht ist das meine Versicherung, dass er mich nicht suchen kommt. Keine Ahnung. Aber nachdem ich gesehen habe, wie beschissen es mir ging, nachdem ich Papa angezeigt hatte ... Nee!

Ganz ehrlich: Hätte ich die Wahl zwischen einem Leben mit Sex mit meinem Vater oder das Leben mit Nils, ich müsste nicht lange überlegen.

Ich habe oft darüber nachgedacht, in Therapie zu gehen, aber habe es bis heute noch nie gemacht. Ich hab gedacht, ich bekomme das alleine hin. Ich hab dann mal – als ich es nicht mehr schaffte, diese «Nummer gegen Kummer» angerufen. Das ist schon ganz gut. Im Endeffekt ist es doch so, dass es am allermeisten wehtut, alleine zu sein. Zumindest ist das meine

Begründung. Kein Mensch mag alleine sein. Aber ohne Familie und ohne Freunde ist man am Abend oder am Wochenende doch ziemlich alleine.

Und die Arbeitskolleginnen im SM-Studio sieht man ja sonst auch eigentlich nicht. Und außerdem möchte man mit denen auch nicht unbedingt abhängen. Die haben ja auch alle einen Knacks.

Allein dafür lohnt sich der normale Job schon, da kommt man mal mit ganz normalen Leuten zusammen. Solchen, denen sich wahrscheinlich der Magen umdreht, wenn ich ihnen erzählen würde, was ich alles erlebt habe und was ich schon alles im Mund und sonst wo gehabt habe ...

Ich bin hart im Nehmen. Das weiß ich, weil ich in der Wohngruppe diejenigen gesehen habe, die es nicht waren. Das ist kein Vorwurf, aber so bin ich nun mal nicht. Ich bin ich. Und ich hab viel erlebt. Zumindest für mein Alter.

Doch nun musste erst einmal der «normale» Job her. Ich bin jetzt nicht anspruchsvoll, aber man muss das erst mal lernen, mit so wenig Geld auszukommen. Ich hatte als Sklavin, jetzt wo ich das Geld selbst behalten durfte und es nicht mehr an Nils abgeben musste, mit nur wenigen Sessions 3000 Euro verdient.

Wenn man bei einem Discounter eine Vollzeitstelle ergattert, ist es ungefähr die Hälfte, bei einem Fast-Food-Laden noch weniger. Und da muss ich dann aber eine richtige, komplette Arbeitswoche absolvieren. Das ist doch Mist. So mache ich derzeit noch etwas Sklavin und versuche, das Geld zu sparen, für den Moment, wo ich es ganz sicher nicht mehr machen will.

Und mit dem echten Beruf war es dann tatsächlich nicht so einfach. Ich hab ja keinen Abschluss gemacht, bin ja dann als Sklavin einfach nicht mehr zur Schule gegangen und so ein

Kassiererinnen-Job bringt ja im Vergleich zum Arbeiten als Sklavin kein richtiges Geld.

Ich arbeite nun auf 400-Euro-Basis in einem Drogeriemarkt, das ist ganz lustig und einen weiteren 400-Euro-Job habe ich in einer kleinen Firma, die so Import-Export-Sachen macht. Damit komme ich offiziell über die Runden. Ab und zu noch mal die Sklavin spielen und das Auskommen ist okay. Aber ich habe mich aufgerafft und will Domina werden. Es scheint mir deutlich lukrativer zu sein und da kann ich dann den Männern Befehle geben! Es ist ohnehin total krass, wofür die richtig viel Geld bezahlen ...

KAPITEL 12

Ein paar letzte Worte.

Vor gar nicht allzu langer Zeit hab ich den Roman *Seelenficker* von Natascha in meinen Händen gehalten und dieses Buch hat mich aus Monaten der Lethargie gerissen. So als hätte sie persönlich mit einem Stiefel in meinen Hintern getreten. Ich habe mir gedacht: Wow, was dieses Mädchen da geschafft hat, dagegen war mein Leben nichts! Also hab dich nicht so!

Und der nächste Gedanke kam mir dann auf der Arbeit, nämlich, dass meine Geschichte ja auch nicht alltäglich sei und dass ich vielleicht auch dem einen oder anderen Mädchen helfen könnte, das sich in einer ähnlichen Situation befindet wie ich. Ich will dabei die Jungs natürlich nicht ausschließen, aber ich hab einfach keine guten Erfahrungen mit euch gemacht. Sorry.

Der dritte Schritt war dann, den Verlag zu kontaktieren, der *Seelenficker* veröffentlicht hat. Nach unten durcharbeiten könnte ich mich ja im Falle einer Absage immer noch. Aber der Andreas hat relativ schnell Ja gesagt. Das fand ich klasse. Gab einen kleinen Schub in Sachen Selbstbewusstsein.

Der Schreibprozess hat sich beinahe über ein Jahr erstreckt und es war für mich sehr anstrengend. Es mündete ja auch in einem Zusammenbruch und in mehr als nur Widerwillen, als es um die Sache mit Nils ging. Aber jetzt ist es ja endlich geschafft.

Aber ehrlich gesagt muss ich zugeben, dass es mir, nachdem ich hier alles noch mal aufgeschrieben habe, nicht besser geht. Ich hatte gehofft, es geht mir besser, aber dem ist nicht so. Vielleicht, wenn das Buch einmal erschienen ist und ich tatsächlich mein Leben hinausgebrüllt, mitgeteilt habe, vielleicht ist die Last dann nicht mehr so schwer und vielleicht ist die Einsamkeit dann nicht mehr ganz so ... Vielleicht fühlt sich das Alleinsein dann nicht mehr ganz so einsam an.

Während ich das hier alles niedergeschrieben habe, hatte ich eben einen Zusammenbruch. Nun hab ich ein Patenkind. Da gibt es so Organisationen wie «Plan», «Kindernothilfe» oder «Worldvision» etc. Und ich habe mich da jetzt für eine Patenschaft angemeldet. Das soll mich dran erinnern, dass es andere gibt, denen es noch viel schlechter geht als mir.

Ich lebe nun alleine. Ich bin nicht glücklich darüber, aber ich kann derzeit niemanden um mich haben. Die Arbeit reicht. Besonders als Sklavin oder auch als Domina hat man ja sehr intimen Kontakt mit Menschen. Da ist meine Wohnung tatsächlich so etwas wie ein Ruheraum für mich.

Das Thema Liebe hab ich auch erst mal für mich abgehakt und auf Eis gelegt. Einen Freund hatte ich seit Nils nicht mehr und ich suche auch nicht danach. Ich bin allein, das weiß ich. Und gut ist's.

Ich kann mir auch nicht vorstellen, jemals eine eigene Familie zu haben. Nein, da wäre ja ein Mann involviert.

Abschließen möchte ich dieses Buch noch mit ein paar letzten Worten.

An meinen Bruder: Ich vermisse dich und liebe dich!

An Natascha: Danke für *Seelenficker!*

An Andreas: Danke fürs Buch-machen-Lassen!

An Manu: Danke fürs Helfen beim Gedanken ordnen. Du bist cool!

An alle, die auch ein hartes Schicksal haben:

a) Es kann noch viel schlimmer kommen!

b) Meist kommt es auch noch schlimmer!

c) Wenn es vorbei ist, seid ihr kaputt und das in einer heilen Welt. Das wird nicht funktionieren!

An alle, die auf Sex mit kleinen Kindern stehen und sich zurückhalten: Von mir aus könnt ihr Kinderpornos gucken, wenn euch das glücklich macht. In meinen Augen seid ihr nämlich ganz arme Schweine. Egal, wie innig eine Beziehung ist, sie wird nach wenigen Jahren vergehen, dann nämlich, wenn das Kind erwachsen wird. Hut ab, dass ihr euch beherrscht. Ihr habt alle Achtung dieser Welt verdient ...

An alle, die Sex mit Kindern ausleben: Ihr wisst gar nicht, was ihr den Kindern antut, oder auch nicht! Bitte bitte bitte, zwingt niemanden zu so etwas! Das geht nicht gut!

Und zu guter Letzt, an all die scheiß Wichser, die wegsehen, weil sie es nicht wahrhaben wollen: Verreckt in der Hölle!!!

Nachwort von Manuela Ausserhofer

Ich habe in meinem Leben schon unzählige Interviews geführt, ich habe Musiker über ihre neuen Alben befragt, ich habe mit Künstlern über ihre Inspirationen gesprochen oder mit Designern über ihre Kreationen geplaudert. Mir wurde bereits in viele Leben ein Einblick gewährt, was immer wieder eine neue Herausforderung und Faszination darstellt. Jedoch habe ich noch nie mit jemandem wie Nele gesprochen und ich habe noch nie zuvor ein solches Projekt wie dieses in Angriff genommen.

Ich lernte im letzten Jahr eine Frau kennen, die mir den wohl persönlichsten Einblick in ein Leben gewährt hat, welches durch und durch unglaublich erscheint. Sie erzählte mir ihre Geschichte, die mich an der Menschheit hat zweifeln lassen und die mir Abgründe aufgezeigt hat, die man sich kaum ausmalen kann bzw. möchte. Eine Geschichte, die mir den Atem raubte – ein Leben, das kein Mensch verdient hat.

Doch solche Dinge geschehen überall. Sie geschehen und viele wollen es nicht sehen. Und die Leute, die wegsehen, die so tun, als hätten sie nichts mitbekommen, sind um keinen Funken besser als die Täter selbst. Sie sind Mittäter, denn sie hätten helfen können und haben es nicht getan.

Es war hart, in den Wunden einer solch geschundenen Seele herumzustochern, Salz mit den Fragen in die Wunden zu streuen, doch mit der Zeit haben wir alles aufgearbeitet und niedergeschrieben. Mir war stets bewusst, dass die Erinnerungen schmerzen werden und es war auch nicht einfach,

immer weiter zu fragen, wenn man doch schon weiß, dass es der Person nicht gut geht und dass sie auch einen Zusammenbruch hatte, während wir über die Geschehnisse bei Nils gesprochen haben.

Das Ergebnis haltet ihr nun in Händen, das Ergebnis eines ca. einjährigen Schreibprozesses. Es ist die Geschichte eines Mädchens, das nie Liebe und Nähe erfahren durfte, das nie gelernt hat, was es heißt, eine normale Beziehung zu führen, das nie Kind sein konnte und das erst lernen musste, dass manches einfach nur falsch, krank und verboten ist, was ihr als normal und alltäglich eingebläut wurde.

Nele gleicht einem Engel, der nie den Himmel erfahren durfte, sondern lediglich die Hölle auf Erden ... in allen ihren Facetten.

Nele ist wie ein Phönix, der aus der Asche auferstehen wollte, doch der erst im Flug bemerkte, dass seine Flügel verbrannt sind und die abgerissenen Reste erst mit der Zeit wieder verheilen müssen ...

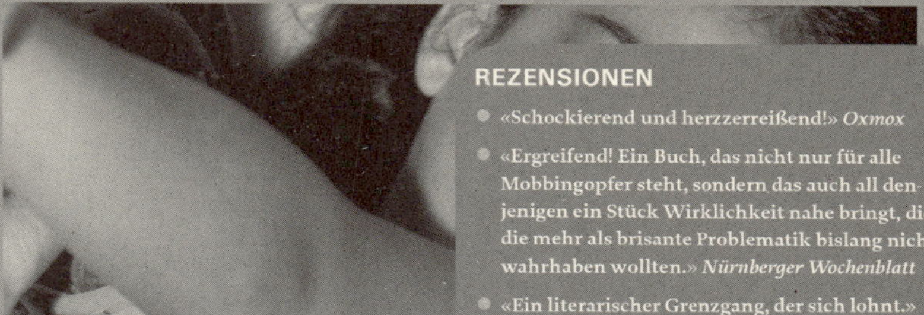

Seelenvernichter
Corinna Engel
Christian Kaiser

FRAU HÖLLE
LUCI VAN ORG

Der Eingang in die Welt der Toten liegt nicht irgendwo in dunklen Wäldern – er liegt mitten in Berlin, versteckt zwischen Vorkriegs-Mietkasernen. Und Totengöttin Hel – heute besser bekannt als Frau Holle – lebt genau hier unerkannt unter den Menschen. Aber nicht nur sie, auch jede Menge andere, von uns längst vergessene Götter haben sich in Berlin eingemietet. Sie führen Kneipen und Friseursalons, arbeiten als Steinmetze oder Trainer beim Behindertensportverein gleich um die Ecke und wollen in diesen trüben Zeiten eigentlich nur eins: ihre Ruhe!

Doch dann erschüttert eine Mordserie das Viertel, so unerklärlich und bestialisch, dass manche schon das Ende der Welt heraufdämmern sehen – und tatsächlich haben Hel und ihre Kollegen bald alle Hände voll zu tun, genau das zu verhindern …

«Ein Buch mit Suchtgefahr ... der beste Roman-Erstling seit Ewigkeiten!» Penthouse

«Unterhaltung der Extraklasse.» Orkus

Luci van Org, Berlinerin, trat schon im Alter von 12 Jahren in Blues-Clubs auf. Mit 16 unterschrieb sie ihren ersten Plattenvertrag, sang mit 19 als Eena *den Titelsong zum Film* Go Trabi Go *und war nebenher Kunst- und Anglistikstudentin, Supermarktverkäuferin und Aktmodell. 1994 wurde sie mit Lucilectric (Mädchen) zum gefeierten Popstar.*
Heute ist sie als Musikerin die weibliche Hälfte von Meystersinger *und Bandleaderin von* Üebermutter. *Sie ist die Hauptdarstellerin der Comedy-Serie* Heim Herd Hund *und schreibt Drehbucher, u.a.* Lollipop Monster *(ZDF) und Theaterstücke wie* Die 7 Todsünden.

FRAU HÖLLE
LUCI VAN ORG

exklusives HARDCOVER
12 x 18 cm, ca. 400 Seiten
ISBN: 978-3-939239-21-5
13,95 Euro (D + A)

VOGELSTIMMEN
DIRK BERNEMANN

HC, 12 x 18 cm, 288 S.
erschienen Sep. 2010
ISBN: 978-3-86608-135-2
14,95 Euro [D]
15,40 Euro [A]

»Ein schöner und reifer Roman.« **the-spine.de**
»Ein erneutes Wunderwerk der Sprachmagie.« **literatopia.de**

9 783866 081352

ICH BIN SCHIZOPHREN UND ES GEHT MIR ...
DIRK BERNEMANN

TB, 12 x 18 cm, 224 S.
zweite Auflage verfügbar
ISBN: 978-3-86608-107-9
9,95 Euro [D]
10,30 Euro [A]

»Bernemann ist einer der aufstrebenden Heroen der Befindlichkeitsliteratur von exzessiver Selbstbeobachtung bei maximaler Selbstironie.« **Main-Spitze**

9 783866 081079

ICH HAB DIE UNSCHULD KOTZEN SEHEN
DIRK BERNEMANN

TB, 12 x 18 cm, 128 S.
siebte Auflage verfügbar
ISBN: 978-3-937536-59-0
9,95 Euro [D]
10,30 Euro [A]

»Faszinierend, eine interessante Gesellschaftsstudie ... Das Buch lässt niemanden unberührt. Garantiert!« **Schwäbische Zeitung**

9 783937 536590

UND WIR SCHEITERN IMMER SCHÖNER
DIRK BERNEMANN

TB, 12 x 18 cm, 128 S.
dritte Auflage verfügbar
ISBN: 978-3-86608-054-6
4,95 Euro [D]
5,10 Euro [A]

»Eine lesenswerte, literarische Analyse der Krankheit des modernen Menschen – bei der aber auch ein Funken Hoffnung durchschimmert.« **Virus**

9 783866 080546

ICH HAB DIE UNSCHULD KOTZEN SEHEN 3
DIRK BERNEMANN

TB, 12 x 18 cm, 208 S.
erschienen Feb. 2011
ISBN: 978-3-86608-134-5
9,95 Euro [D]
10,30 Euro [A]

»Lesenswerter und harter Tobak!« **Orkus**
»Ein geistiger Hochgenuss, sozialkritische Verbalakrobatik auf hohem Niveau.« **media-mania.de**

9 783866 081345

SEELENFICKER
NATASCHA

TB, 12 x 18 cm, 128 S.
fünfte Auflage verfügbar
ISBN: 978-3-86608-068-3
9,95 Euro [D]
10,30 Euro [A]

»Heftig, aber poetisch und toll geschrieben - ein ganz wichtiges Buch.« **Syker Zeitung**
»Das Buch ist knallhart. Und hervorragend bearbeitet.« **Punkrock**

9 783866 080683

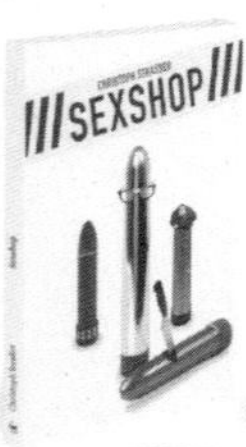

SEXSHOP
CHRISTOPH STRASSER

TB, 12 x 18 cm, 288 S.
erschienen Okt. 2010
ISBN: 978-3-86608-138-3
9,95 Euro [D]
10,30 Euro [A]

»Von Anfang bis Ende einfach nur genial! Morbid, sarkastisch, derbe und dreckig, also kurz: wie im echten Leben!« **Orkus**

9 783866 081383

PORNOSTERN
CHRISTOPH STRASSER

TB, 12 x 18 cm, 270 S.
erschienen Feb. 2009
ISBN: 978-3-86608-104-8
9,95 Euro [D]
10,30 Euro [A]

»Mit viel Witz und literarischem Geschick [...] Absolut lesenswert!« **Wildwechsel**
»Ein echtes Trash-Juwel, die Tragikomödie 2009!« **Kinkats**

9 783866 081048

WARUM, FRANKENFISH? 2 – NEMESIS
CHRISTOPH STRASSER

TB, 12 x 18 cm, 288 S.
erschienen Jul. 2011
ISBN: 978-3-939239-07-9
9,95 Euro [D]
10,30 Euro [A]

»Hier lacht der Leser lauthals mit!« **monstersandcritics.de**
»Eine herrliche Persiflage, dass man beim Lesen oft laut lachen muss.« **necroweb.de**

9 783939 239079

ATMEN – JEMAND MUSS ATMEN
STEFAN KALBERS

TB, 12 x 18 cm, 144 S.
erschienen Aug. 2008
ISBN: 978-3-86608-083-6
9,95 Euro [D]
10,30 Euro [A]

»Ein großer literarischer Wurf!« **Nordwest Zeitung, inside**
»Ein exzellent geschriebenes Buch!« **Gothic Magazine**

9 783866 080836

ESTABLISHMENSCH
ANDY STRAUSS

TB, 12 x 18 cm, 160 S.
zweite Auflage verfügbar
ISBN: 978-3-86608-120-8
9,95 Euro [D]
10,30 Euro [A]

»Andy Strauß beherrscht den Umgang mit Worten nicht einfach nur, sondern schafft es, daraus sprachliche Kunstwerke zu erschaffen.« **Ruhr Nachrichten**

9 783866 081208

ALBTRÄUMER
ANDY STRAUSS

TB, 12 x 18 cm, 176 S.
erschienen Nov. 2010
ISBN: 978-3-86608-137-6
9,95 Euro [D]
10,30 Euro [A]

»Strauß schwingt sich wie Tarzan mittels wagemutigen Sprachgebrauchs von Zeile zu Zeile und bringt jede Menge schwarzen Humor unters Volk.« **nahaufnahmen.ch**

9 783866 081376

EMBER FURY
CATHY BRETT

TB, 12 x 18 cm, 272 S.
erschienen Okt. 2010
ISBN: 978-3-86608-147-5
9,95 Euro [D]
10,30 Euro [A]

«Ein Teenagerportrait voller Frustration, Hilflosigkeit und Wut.» **Orkus**
«Cool? Nein, sehr cool!» **Gothic Magazine**

KLEINSTADTSCHLAMPE
MIRJAM DREER

TB, 12 x 18 cm, 192 S.
zweite Auflage verfügbar
ISBN: 978-3-86608-124-8
9,95 Euro [D]
10,30 Euro [A]

«Spritzig und frisch!» **Abendzeitung**
«Eine aufrichtige Momentaufnahme des Hier und Jetzt. Ein gutes Debüt.» **lies-und-lausch.de**

LEBEN UND LEBEN HASSEN
DOMINIK STEINER

TB, 12 x 18 cm, 188 S.
erschienen Mrz. 2010
ISBN: 978-3-86608-131-4
9,95 Euro [D]
10,30 Euro [A]

«Die Worte in diesem Buch sind literarische Assassinen, die den Leser wachrütteln. Ein Buch mit Tiefgang.» **de-re.de**

FICKEN UND STERBEN
JON ØYSTEIN FLINK

HC, 12 x 18 cm, 144 S.
erschienen Mrz. 2011
ISBN: 978-3-86608-146-8
12,95 Euro [D]
13,40 Euro [A]

«Ein irrwitziges, verrücktes und damit lesenswertes Buch.» **metalglory.de**

KOPFSCHUSS
OLIVER DREYER

TB, 12 x 18 cm, 176 S.
erschienen Mrz. 2011
ISBN: 978-3-86608-143-7
9,95 Euro [D]
10,30 Euro [A]

«Ich hab schon mehrere Bücher gelesen, die sich mit Amokläufen beschäftigen, aber keines war so real wie dieses!» auf **facebook.com**

OHNE ZIEL
ANDREAS KURZ

TB, 12 x 18 cm, 230 S.
erschienen Nov. 2011
ISBN: 978-3-939239-03-1
9,95 Euro [D]
10,30 Euro [A]

«Unterhaltsam, lustig, spannend und gleichzeitig mit Tiefgang ist diese Coming of Age Geschichte ein Titel, den man gelesen haben sollte!» **amazon.de**

ICH TRAG EIN MASSENGRAB IM HERZEN
TOBY FUHRMANN

TB, 12 x 18 cm, 148 S.
zweite Auflage verfügbar
ISBN: 978-3-86608-128-4
9,95 Euro [D]
10,30 Euro [A]

«Voller Widersprüche, aber das macht den Roman so spannend. Voller Überraschungen, zum Nachdenken, Lachen und Wundern!» **Allgemeine Zeitung Coesfeld**

RÜCKKEHR INS STIRNHIRNHINTERZIMMER
V.A.

TB, 12 x 18 cm, 208 S.
erschienen Jun 2011
ISBN: 978-3-939239-09-3
9,95 Euro [D]
10,30 Euro [A]

«Eine literarische Achterbahnfahrt mit Wortwitz und Phantasie!» **würfelheld**
«Schrecklich komisch!» **t-arts.de**